GOLDMANN

Buch

Der Besuch bei einer Prostituierten ist für viele Männer an der Tagesordnung. Und die Frauen? Immer mehr Frauen holen sich bei einem Callboy, was sie von ihrem Ehemann oder Partner nicht bekommen. Sven Love ist ein solcher »Mann für gewisse Stunden«. Er erzählt in diesem Buch seine Geschichte: von der Kindheit in Heimen über die Stricherszene hin zu seinem Job als Callboy. Er sieht seine Aufgabe darin, Frauen glücklich zu machen, und er verrät, wie er das tut. Dabei verschweigt er nicht die manchmal perversen Wünsche seiner Kundinnen und die Schwierigkeiten, mit denen er zu kämpfen hat.

Autor

Sven Love, Jahrgang 1959, arbeitet als Callboy und Stripper. Er lebt mit seiner Frau und seinem Sohn in einer deutschen Großstadt.

SVEN LOVE

Du kannst mich nie ganz haben

Memoiren eines Callboys

GOLDMANN VERLAG

Originalausgabe

Umwelthinweis:
Alle bedruckten Materialien dieses Taschenbuches
sind chlorfrei und umweltschonend.

Der Goldmann Verlag ist ein Unternehmen
der Verlagsgruppe Bertelsmann.

Originalausgabe Oktober 1996

Umschlaggestaltung: Design Team München
Umschlagfoto: Mic Enneper
Fotos im Innenteil: S. 151,177, 201, 211, 215:
David Steets, Pullach, mit freundlicher Genehmigung
der Discothek »Palm Beach«, Fürstenfeldbruck;
S. 13, 23, 33, 49, 53, 63, 101, 117, 213: Privatbesitz
Satz: All-Star-Type Hilse, München
Druck: Presse-Druck Augsburg
Verlagsnummer: 12686
Redaktion: MEDEA, Köln
Lektorat: Sabine Schubert
kf · Herstellung: Martin Strohkendl
Made in Germany
ISBN 3-442-12686-X

1 3 5 7 8 10 8 6 4 2

Dieses Buch widme ich meiner Frau,
weil sie mich in all den Jahren geliebt hat,
mir tapfer zur Seite stand und mich und meinen
Job immer akzeptierte.

Inhalt

Vorwort

Ich schreibe dieses Buch, weil es aus mir heraus muß. Ich muß endlich all das loswerden, was mich seit Jahren beschäftigt: Wie es dazu kommen mußte, daß ich jahrelang als Callboy gearbeitet habe; was ich dabei über die Menschen, die ich traf, erfahren konnte. Ich habe viel gesehen, was zwischenmenschliche Beziehungen anbelangt – hauptsächlich Beziehungen zwischen Mann und Frau, ihre sexuellen Probleme, Wünsche und Vorstellungen. Diese Erfahrungen, die Frauen und Männer gleichermaßen betreffen, möchte ich weitergeben.

Manche Dinge, die ich hier erzähle, habe ich noch nie jemandem anvertraut, noch nicht einmal meiner Frau. Damit öffne ich mich ihr gegenüber und kann nur hoffen, daß sie Verständnis dafür aufbringen wird.

Die Weichen werden gestellt

Ich lerne immer verrücktere Frauen kennen, die vom normalen Sex nichts mehr wissen wollen. Es ist rein sexuell gesehen einfach eine andere Generation von Frauen. Sie bekommen bei der herkömmlichen Nullachtfünfzehn-Nummer keinen Orgasmus mehr und brauchen den Kick des Perversen. Für mich sind die abgedreht. Auch sind die Frauen dominanter geworden, und besonders die emanzipierten Frauen gehen mit ihrer Sexualität ganz anders um. Sie stellen rigorose Forderungen an mich und sagen mir genau, was sie wünschen. Und wenn sie mir dann ein paar hundert Mark in die Hand drücken, glauben sie, ich müsse alles machen, was sie wollen.

Ich habe versucht, mich auf den Trend einzustellen, mit dem Ergebnis, daß sich auch meine Sexualität geändert hat. Manchmal frage ich mich, ob ich jetzt pervers werde.

Ab und zu gerate ich auch in Panik, vor allem, wenn ich darüber nachdenke, was die Frauen so alles mit mir treiben. Zum Beispiel muß ich mir in meinem Arschloch herumstochern und meine Eier quetschen lassen. Auch werde ich gekratzt und gebissen. Anfänglich ließ ich es mir noch gefallen, weil ich dachte, daß es einfach so sein muß, weil die Sexualität immer extremer wird. Die Kundinnen wollen sogar angepinkelt werden und umgekehrt – mich anpinkeln. Mit diesen extremen Situationen komme ich nicht mehr

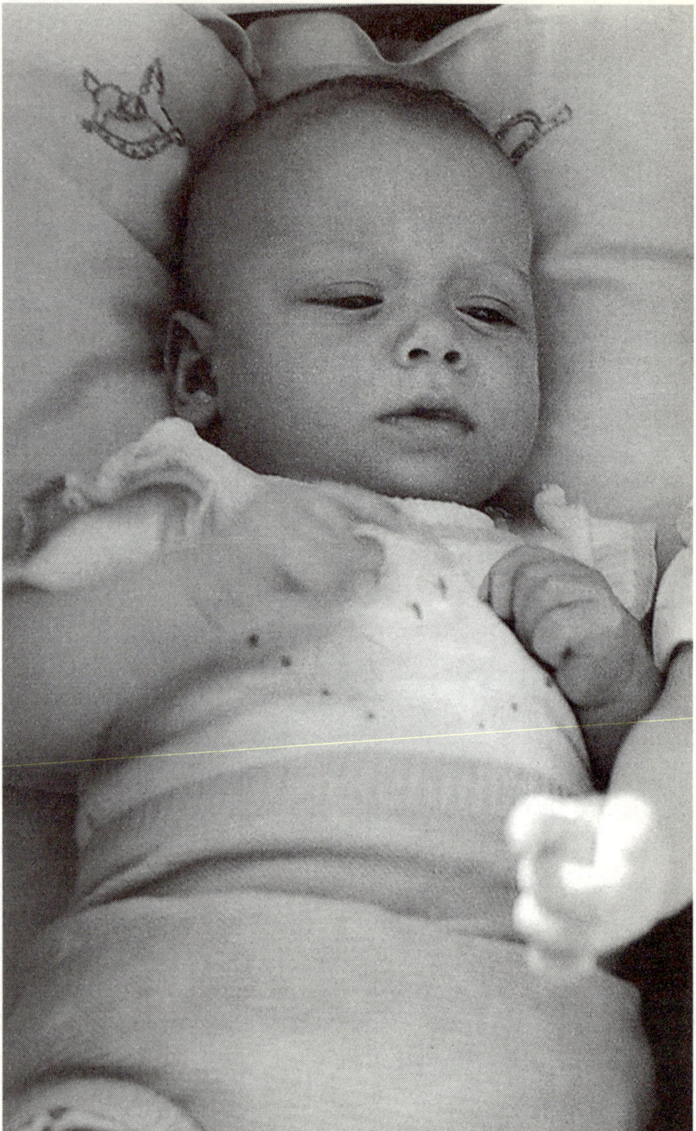

klar, denn ich bin zwar käuflich, aber nicht masochistisch veranlagt – oder vielleicht doch? Wie konnte es so weit kommen?

Ich bin Jahrgang 1959 und habe noch einen jüngeren Bruder. Bis zu meinem dritten Lebensjahr wohnten wir bei den Eltern. Dann kam der Tag, der unser Leben schlagartig veränderte.

Wir hatten den ganzen Tag im Kinderhort gespielt und warteten jetzt darauf, von unserer Mutter abgeholt zu werden. Es wurde fünf Uhr, es wurde halb sechs Uhr, es wurde sechs Uhr, alle anderen Kinder waren schon abgeholt worden – nur unsere Mutter kam nicht. Erst viel später erfuhren wir den Grund dafür: Mutter war an jenem Tag mit einem Farbigen durchgebrannt. Mein Vater hatte von der ganzen Sache nichts geahnt. Er wurde erst von dem Kinderhort davon unterrichtet, daß wir immer noch dort warteten.

Mein Vater holte uns dann ab, aber da er absolut nicht wußte, was er jetzt mit uns anfangen sollte, lieferte er meinen Bruder und mich noch am selben Abend in einem Kinderheim ab. An diese Stunden habe ich nur noch eine einzige Erinnerung: Man steckte uns gegen unseren Willen in die Betten und knotete die Laken unter ihnen zusammen, weil wir wie wildgeworden herumtobten. Schließlich waren wir aus unserer Familie herausgerissen worden.

Am nächsten Tag brachte man uns in ein Säuglingsheim, weil wir für das Kinderheim noch zu jung waren. Obwohl das Heim in der näheren Umgebung unseres Geburtsortes lag, lebten wir dort etwa ein halbes Jahr, ohne daß uns irgend jemand von der Familie besuchte. Plötzlich, von einem auf den anderen Tag, stand mein Vater vor der Tür. Er wirkte unheimlich und fremd. Von da an kam er regelmäßig zu Besuch, denn er hatte sich offenbar in unsere

Erzieherin verguckt. Ich glaube, er kam eher wegen ihr als wegen uns.

In dem Säuglings- und Kleinkinderheim blieben wir, bis ich sechseinhalb Jahre alt war. Ich habe mich dort sehr wohl gefühlt, denn die Atmosphäre war herzlich und familiär. Die Betreuerinnen waren keine Ordensschwestern, sondern Sozialpädagoginnen. Das Heim lag in einer ländlichen Umgebung und hatte weder Gitter noch Zäune. Mein Vater blieb einige Male sogar übers Wochenende und übernachtete dann immer irgendwo unten im Dorf. Wo genau, weiß ich nicht – Hauptsache war für mich, daß er auch abends mal bei uns war. Und wenn er dann für die Kinder Gespenst spielte – in diesen Momenten war ich richtig glücklich.

Mein Vater zog viel um die Häuser, trank unheimlich viel und verkehrte im Milieu. Richtige Vatergefühle kannte er nicht. Er war damals Mitte Zwanzig, also in seinem wildesten Alter, hatte regelmäßig wegen Körperverletzung mit der Polizei zu tun und war dort einschlägig bekannt. Er war ein echter Hallodri.

Sein Geld verdiente er mit Gelegenheitsjobs. Er hielt es nirgendwo lange aus, weil er frech war und manchmal dem Chef eins auf die Nase haute. Eigentlich hatte er bei einer großen Firma die Ausbildung zum Vulkaniseur gemacht. Dort arbeitete auch die ganze Familie: Opa, Oma, Onkel und Tante. Unsere Mutter war gelernte Friseurin, hatte aber zuletzt, als wir noch bei ihr waren, einen Job als Straßenbahnfahrerin.

Mein Vater kümmerte sich nicht sehr viel um meine Mutter und uns. Wenn er von der Arbeit kam, hatte er auch gleich wieder etwas im Milieu zu erledigen. Tagsüber zum Beispiel arbeitete er als Portier, abends als Aufpasser für die damaligen Milieu-Größen. Mit wem er speziell zu tun hatte,

weiß ich nicht, denn wir Kinder haben erst später zugetragen bekommen, womit er sich sein Zubrot verdiente.

Als Zuhälter hat mein Vater meines Wissens nie gearbeitet. Angebote gab es wohl – es gab einige Frauen, die für ihn angeschafft hätten. Aber Frauen auf den Strich zu schicken, das war nicht sein Ding, dafür war er viel zu weich. Das bedeutet jedoch nicht, daß er nicht auch hinlangte. Wenn es einen Laden aufzumischen gab oder Leute aus der Szene einen Bodyguard brauchten, dann war er zur Stelle. Irgendwo gab es immer eine Schlägerei. Früher, also in den sechziger Jahren, herrschte eher das Faustrecht: Bevor man lange diskutierte, gab's erst mal eins auf die Mütze. In einer bekannten Disko hatte mein Vater beispielsweise Lokalverbot auf Lebenszeit, weil er dort eine Schlägerei angezettelt hatte.

Wenn er getrunken hatte, kam dann auch meistens der Zeitpunkt, wo er die provozierende Frage stellte: »Bin ich *schwarz* im Gesicht?« Dieser Satz bedeutete, daß er gleich die Kneipe aufmischen würde, und es war ratsam, schnell das Weite zu suchen. In der Regel konnte ihn erst ein Mannschaftswagen der Polizei bändigen.

Uns gegenüber war er nie gewalttätig. Er brüllte zwar oft, aber im Grunde war er ein ganz Weicher, fing auch schon mal an zu weinen.

Für meinen Vater war meine Mutter eigentlich nur ein Püppchen. Ein kleiner Junge von drei Jahren kriegt das natürlich nicht so richtig mit, aber wie ich später von der Verwandtschaft hörte, schenkte er ihr einmal sogar einen Nerzmantel, und das war damals ja schon etwas Besonderes. Im Milieu gab es schnell mal ein paar Mark zu verdienen für gewisse kleinere Aufträge – meistens Schlägereien und ähnliches. Auf Diebstähle hat er sich meines Wissens nie eingelassen.

Meine Mutter muß sehr attraktiv gewesen sein. Ich habe zwar bis heute noch kein Foto von ihr gesehen, weil mein Vater später, als sie abgehauen war, alles vernichtete, was ihn an sie erinnerte. Aber es hieß, daß man ihr eine Karriere als Model vorausgesagt hätte. Sie muß ein richtiger »Schuß« gewesen sein, und auf der Straße starrten ihr alle hinterher. Mein Vater hatte deshalb immer Probleme mit ihr. Wenn sie tanzen gingen, hatte er keine ruhige Minute, denn es bildete sich sofort eine Clique, die ihn provozierte. So mußte er hinlangen, sich durchboxen. Dadurch wurde er immer extremer, seine Eifersucht war schließlich wie ein Wahn. Irgendwann nahm er sie dann einfach nicht mehr mit, wenn er abends wegging.

Allein zu Hause zu sitzen, diese Rolle lag ihr jedoch überhaupt nicht. Meine Mutter war einfach zu jung, um in die Ecke gestellt zu werden. »So, du hast jetzt zwei Kinder, kümmere dich darum.«

Mein Vater war aber kein schlechter Mensch, sondern eigentlich ein herzensguter Mann. Nur konnte er oft nicht über seinen eigenen Schatten springen. Vielleicht hat er in seiner Kindheit nie gelernt, wie man sich anders verhält, denn er fing schon als Junge in der Nachkriegszeit an, für die ganze Familie zu hamstern, zu stehlen – schließlich ging es ums Überleben. Er wollte seiner Mutter und seinem Vater helfen, und dann waren da auch noch die ganze Verwandtschaft und all die anderen, die er kannte. So gesehen hat er also viel für die Familie getan. Er hatte bestimmt keine schöne Kindheit, und vielleicht fehlte da auch ein bißchen die Liebe und Wärme.

Daß unsere Mutter uns schließlich verließ, dafür kann ich meinem Vater nicht allein die Schuld geben. Mein Bruder und ich müssen sehr stressige Kinder gewesen sein. Wir konnten sie zur Weißglut treiben. Wenn der eine mal still war, fing der andere an zu schreien. Es war ständiger Horror und Dauerstreß für sie. Ich sehe heute ein, daß wir unserer Mutter sehr zugesetzt haben. Wären wir nicht so rotzfrech gewesen, vielleicht wäre sie ja bei uns geblieben.

Mein Vater hat die Trennung von meiner Mutter nie verkraftet. Sie war seine Jugendliebe, und sie »gingen« erst einige Jahre »miteinander«, dann heirateten sie. Er hat zwar nach ihrer Flucht noch ein paarmal versucht, mit anderen Frauen »anzubändeln«, aber es wurde nie wieder etwas Ernstes daraus. Später sagte er mir einmal, er sei uns zuliebe keine feste Bindung mehr eingegangen. Meiner Meinung nach war das ein Fehler, denn eine Beziehung wäre unsere Chance gewesen, aus der Tretmühle Kinderheim herauszukommen. Vielleicht hätte ich von einer anderen Frau die Wärme und Zuneigung bekommen, die mir in meiner Kindheit fehlte.

Von seiner Frau verlassen zu werden verletzte meinen Vater natürlich auch in seinem Stolz. Zudem wurde er von seinen Freunden belächelt und hat sich deshalb etwas aus dem Milieu zurückgezogen. Er löste die gemeinsame Wohnung auf und quartierte sich wieder bei seinen Eltern ein.

Seine Mutter war diejenige, die dafür sorgte, daß er uns überhaupt besuchen kam. »So, Freundchen, du rasierst dich jetzt und gehst mal nicht saufen«, sagte Großmutter. Zwar war er manchmal mürrisch, weil er eigentlich keinen richtigen Bock auf den Besuch bei uns hatte, er hatte aber vor seinen Eltern einen wahnsinnigen Respekt.

Unsere Oma hat uns nie besucht, weil sie wenig Zeit hatte. Mein Vater hatte nämlich einen Bruder, der ebenfalls noch zu Hause wohnte und auch mit einem Alkoholproblem kämpfte.

Über die Eltern meiner Mutter weiß ich so gut wie nichts. Wenn unser Vater uns sonntags mal aus dem Heim abholte, zeigte er uns, wo die Eltern unserer Mutter wohnten. Sie hatten einen Dackel, der hieß Strolch, deshalb nannten wir sie immer Strolch-Oma und Strolch-Opa. Auch sie haben uns nie besucht.

Das Kinderheim

Eines Tages hieß es für mich Abschiednehmen. Spätestens mit sieben Jahren mußte man raus aus dem Säuglingsheim, weil es dort keine Schule gab. Die meisten Kinder aus meiner Gruppe kamen zu Pflegeeltern oder wurden sogar adoptiert, aber wir mußten in ein anderes Heim. Noch heute kann ich meinem Vater nicht verzeihen, daß er uns nicht zur Adoption freigab, wenn er sich schon nicht besonders um uns kümmerte! Dabei hätten wir zweimal die Chance gehabt. Ich hätte einmal zu einem Arztehepaar gehen können, aber die wollten nur mich, und dann wären mein Bruder und ich auseinandergerissen worden. Eine andere Gelegenheit ergab sich durch ein Sommerfest, bei dem man Luftballons mit Adressen in die Luft steigen ließ. So konnte man, wenn man Glück hatte, jemanden kennenlernen, wurde dann für zwei Tage eingeladen, sozusagen zur Beobachtung, ob sich das Kind auch anständig benimmt. Für uns meldete sich niemand, aber ich denke auch, daß man in zwei Tagen nicht in ein Kind hineingucken kann, schon gar nicht in ein Heimkind.

Also brachte man uns in ein Kinderheim in unserer Geburtsstadt zurück. Ich machte sofort bei den Nonnen Terror, denn als ich diese Pinguine sah, bekam ich Angst. Mein Bruder ließ sich nach fünf Minuten besänftigen, hat sich mit einer Tafel Schokolade bestechen lassen. Ich war der Aggressivere und habe trotzig verkündet: »Hier bleibe ich nicht!« Mir war unheimlich zumute, ich wollte nur noch weg und trat aus Panik gegen die Scheiben. Man mußte mich regelrecht bändigen. Ein paar Wochen lang war ich völlig apathisch und gar nicht ansprechbar. Ich wollte mit keinem reden, war völlig in mich gekehrt. Das wollte ich so lange durchhalten, bis man mich wieder rausließ. Natürlich geschah nichts dergleichen, und ich mußte mich also mit meiner Situation abfinden.

Ich kam dann in die Heimschule. Das war optimal, denn so mußte sich niemand mit uns auseinandersetzen. Wir Heimkinder brauchten nie rauszugehen, waren schön isoliert, mit Zaun und Stacheldraht abgegrenzt, von Nonnen umgeben und reichlich mit Beten gesegnet. Schon morgens früh riß man uns aus den Betten und schickte uns zur Frühmesse um sieben Uhr. Die Ordensschwestern feierten zusätzlich morgens um fünf Uhr ihre eigene Messe. Später mußte ich als Meßdiener auch daran teilnehmen.

In unserer Gruppe waren sechsundvierzig Jungen, davon allein dreißig in einem Schlafraum, der Rest war in kleineren Zimmern untergebracht. Die ganze Horde wurde von nur einer Ordensschwester und einer Erzieherin, dem Fräulein, geleitet.

Insgesamt waren ca. vierhundert Kinder in dem Heim untergebracht. Damals gab es einen regelrechten Boom bei den Scheidungen, und die Kinder wurden einfach ins Heim abgeschoben – eine Modeerscheinung. Es gab einen Jungenblock, einen Mädchen- und in der Mitte einen gemischten Block, in dem ich eigentlich lieber gewesen wäre. Später war ich dort öfter heimlich zu Besuch.

Abgesehen von den Lehrern kam niemand von draußen in das Heim. Wenn ein Kind krank wurde, brachte man es nicht zu einem Arzt, sondern verlegte es in das Krankenzimmer des Heims, wo sich eine Nonne als Krankenschwester betätigte. Es durften auch keine fremden Kinder unsere Heimschule besuchen. So waren wir völlig von der Außenwelt abgeschottet. Es gab nur eine einzige Möglichkeit, rauszukommen: Wenn man einen Eignungstest bestand, durfte man eine Schule »draußen« besuchen. Auch ich bekam diese Chance und absolvierte meine Grundschule und die Hauptschule teilweise draußen.

Dort war ich aber später angeblich untragbar, denn wenn irgend etwas passierte, hieß es immer: »Das war das Heimkind.« Es lief immer nach dem gleichen Schema ab: Die anderen konnten sich alles erlauben, nur ich durfte nichts. Als Heimkind war man einfach abgestempelt. Die Schule und das Heim lagen in einem kleinen Vorort meiner Heimatstadt, und da wurde man schon an der Kleidung erkannt. Es war eben alles sehr zerschlissen, die Schuhe abgetragen, und noch dazu hatten wir fast kahlgeschorene Köpfe. Die Nonnen nannten das »Astronautenschnitt«. So kamen dann sofort Bemerkungen wie: »Vorsicht, die Heimkinder kommen! Die klauen alle und sind noch dazu rotzfrech!«

Die Nonnen waren sehr hart und ungerecht. Sie hatten ein paar Lieblinge, die wußten, wie man sich bei ihnen einschleicht. Ich dagegen konnte so etwas noch nie und hatte dadurch oft das Nachsehen. Wenn wir Kinder etwas ausgefressen, gestohlen oder kaputtgemacht hatten, mußten wir im Winter stundenlang bei geöffnetem Fenster, nur mit einer Unterhose bekleidet, im Durchzug stehen, bis sich der Schuldige meldete. Das konnte ich irgendwann nicht mehr ertragen und habe dann meistens gesagt: »Ich war's.« Dadurch hatte ich natürlich schnell meinen schlechten Ruf weg. Oft hatte auch eines der jüngeren Kinder etwas angestellt, und dann habe ich bewußt die Schuld auf mich genommen, denn ich hatte schon immer einen Beschützerinstinkt. Als ich etwa neun Jahre alt war, dachte ich mir oft: »Komm, Alte, dann schlag doch auf mir wieder 'ne Klobürste kaputt, wenn du da drauf stehst.« Ich legte mich dann hin und lieferte mich ihr aus. Die Nonne schlug so lange auf mich ein, bis die Klobürste kaputt war. Die Striemen, auf die andere zum Beispiel im Sportunterricht aufmerksam wurden, erklärte man dann damit, daß ich beim Kirschenpflücken vom Baum gefallen sei. Als ich älter war, habe ich meinen Mund aufgemacht und herumerzählt, warum wir im Heim so viele Klobürsten brauchten: nicht, weil die Kinder sie kaputtmachten, sondern weil sie auf den Kindern kaputtgeschlagen wurden. Beliebte Schlagwerkzeuge waren auch Kleiderbügel aus Holz und der Schlüsselbund, den die Nonnen einem durchs Gesicht zogen.

Nachdem man die Prügel bezogen hatte, wurde man zur Strafe die Nacht über in einen dunklen Kellerraum gesperrt. Dort mußte man dann auf dem nackten Betonboden schlafen. So habe ich mir zweimal starke Lungenentzündungen geholt, und einmal wäre ich beinahe dabei draufgegangen. Ich hatte ein paar Tage lang sehr hohes Fieber, und die Nonnen hatten unheimliche Angst, ich könnte es nicht überstehen. Noch heute leide ich unter den Folgen dieser »Behandlung«: Ich reagiere empfindlich auf Durchzug und habe schnell Probleme mit den Atemwegen.

Die Nächte im Heim waren eine Qual. Ich fand kaum Schlaf, wurde oft von Alpträumen geplagt. Vor lauter Angst, die Nonne könnte gleich aus irgendwelchen Gründen reingefegt kommen, verkroch ich mich abends manchmal unters Bett. Ich dachte, daß sie mich da nicht so schnell zu fassen

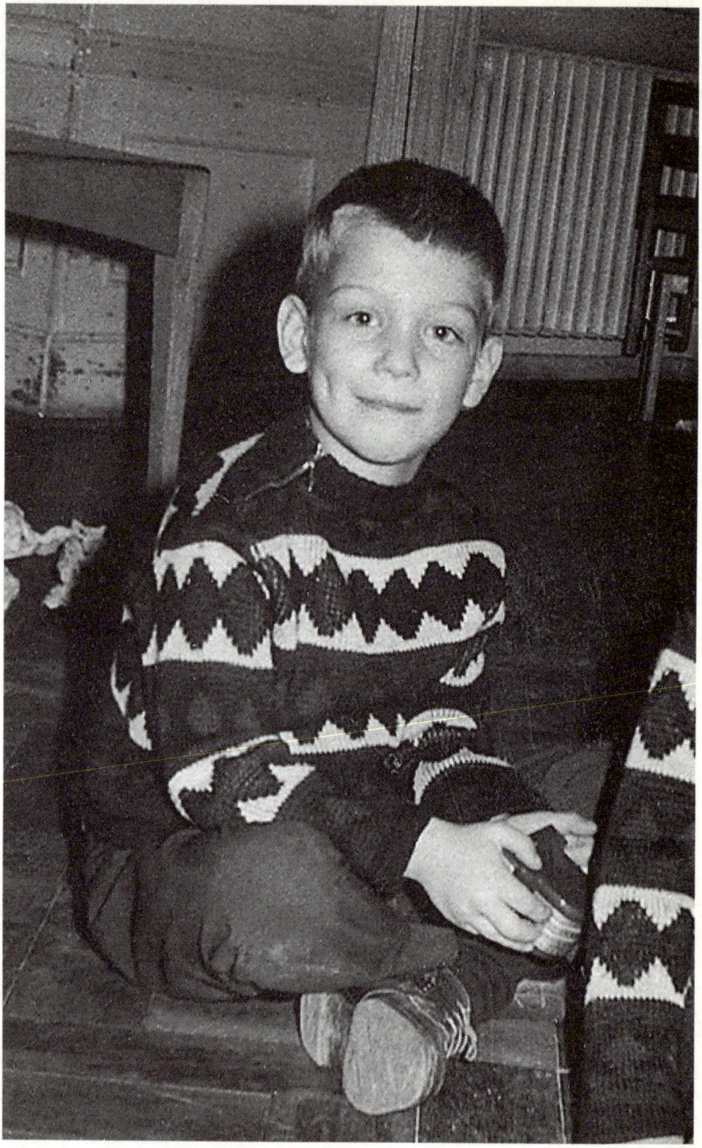

bekommen würde, denn als Kind ist man ja doch ein bißchen wendiger und kann schneller abhauen.

Bei den Hausaufgaben bekam man für jedes falsch geschriebene Wort Prügel. Erklärungen, warum es so und nicht anders geschrieben werden mußte, gab es nicht. Die Kinder saßen an ihren Tischen, und die Schwester rannte mit einem riesigen Schlüsselbund herum, an dem bestimmt dreißig Schlüssel für jeden Gruppenraum hingen. Ohne Vorwarnung bekam man dann eins übergezogen. Ihre Lieblinge dagegen hatten einen Freibrief, durften sich alles erlauben und wurden auch schon mal von ihr in den Arm genommen oder über die Haare gestreichelt.

Wir hatten Angst, unserem Vater von den massiven Strafen zu erzählen, weil uns sowieso niemand glaubte. Warum sollte ausgerechnet er uns Glauben schenken, wenn er doch sowieso nur ein- bis zweimal im Monat für ein paar Stunden vorbeikam? Erst wesentlich später habe ich mich dann doch getraut, meinem Vater von den zerbrochenen Klobürsten zu erzählen, und er ist richtig wütend geworden. Er nahm sich eine der Nonnen vor und schrie sie an: »Wenn ich erfahre, daß Sie noch mal meine Söhne schlagen, dann komme ich vorbei und haue Ihnen ein paar rein.« Diese Drohung wirkte: Mit den Bestrafungen wurde es etwas besser.

Jeder Gruppe stand eine Nonne vor, die eigentlich eine Art Ersatzmutter sein sollte, aber sie konnte gar nicht auf jedes Kind richtig eingehen. Sie war mit den vielen Kindern absolut überfordert, und so wurde eben viel geschlagen: Hiebe statt Liebe. Man versuchte nicht, uns Kinder zu erziehen, sondern zur Raison zu bringen – auch durch strenges Beten. Ich habe durch diesen Lug und Trug, die Ungerechtigkeiten und diese unglaubliche Strenge meinen Glauben an

Gott verloren, ich habe an nichts mehr geglaubt. Einmal schlich ich heimlich in den Nonnentrakt und sah, wie sie allerfeinstes Essen in sich hineinstopften. Wir bekamen unsere Dampfkost, durchgekochte Leberwurst und ähnliche leckere Dinge. Wer weiß, wo die herkamen – wahrscheinlich von der Freibank. Wir sahen auch alle dementsprechend aus: Wir waren nur noch Haut und Knochen. Während der Ferien schickten sie uns für sechs Wochen auf einen Bauernhof, wahrscheinlich weil uns nur der Bauer in dieser Zeit richtig aufpäppelte – mit fetter Kuhmilch jeden Morgen.

Die für meinen Bruder und mich zuständige Nonne war bis zum Ende meiner Zeit im Heim, also bis zu meinem vierzehnten Lebensjahr. Das Verhältnis wurde immer schlechter, denn je älter ich wurde, desto weniger habe ich mir gefallen lassen. Ich habe mich eben immer mehr gegen sie zur Wehr gesetzt und manchmal auch mit ihren eigenen Bibelsprüchen konfrontiert, nach dem Motto: »Jetzt haben Sie mir schon eine auf die rechte Wange geknallt, dann schlagen Sie doch auch noch auf meine linke.« Das fand sie unverschämt. Ich wurde auch immer mehr zum Manne und war bemüht, schnell erwachsen zu werden. Sie merkte letztendlich auch, daß sie die Kontrolle über mich verlor. Ich habe sie gehaßt, aber merkwürdigerweise auch geliebt. Es war eine Haßliebe zwischen uns, denn es gab auch Momente, wo sie sehr lieb zu mir war. Zwar hatten diese Augenblicke Seltenheitswert, aber man hat sie als Kind dann doch sehr genossen.

Weil es nur eine Bezugsperson für uns alle gab, gab es unter den Kindern unheimliche Konkurrenzkämpfe. An diesem Buhlen um Liebe beteiligte ich mich aber nie, weil ich sowieso keine Chance gehabt hätte. Schließlich hatte ich mir ja auch schon bei meinem Einstand alles verdorben, weil ich klargemacht hatte, daß ich nicht im Heim bleiben wollte.

Auch die pädagogische Betreuung ließ zu wünschen übrig. Es schaute zwar ab und zu mal eine Psychologin vorbei, aber die gab auch nur unverständliches Zeug von sich. Sie legte mir irgendwelche Kärtchen vor die Nase, die ich deuten sollte. Ich konnte überhaupt nichts damit anfangen, fand das alles absolut bescheuert. Mir ging es ganz einfach darum, mal in den Arm genommen zu werden – diese dämlichen Karten brachten mir gar nichts. Für ein Kind in meinem Alter hatte ich ja schon einige Erlebnisse hinter mir und war im Grunde ziemlich resigniert. Zwar hatte ich meine Hochs, in denen ich mir sagte: »Ich zeig' euch allen, wo es langgeht«, aber dann kamen auch bald wieder die Tiefs, und dann sah ich nur noch schwarz.

Meine Bezugspersonen waren andere Leute, die im Heim arbeiteten: ein Schreiner und ein Gärtner. Beide waren für mich so etwas wie Ersatzväter. Ich half oft in der Schreinerei und arbeitete auch viel im Garten, weil es mir einfach Spaß machte. Das waren die kleinen Chancen, die man hatte, um den Nonnen zu entfliehen und aus dem ganzen Dreck rauszukommen. Die Kindergruppen gingen manchmal ganz woanders hin, aber ich habe lieber den ganzen Tag im Garten gearbeitet, denn davon hatte ich mehr. Bäumchen beschneiden war für mich zum Beispiel einfach der Ausgleich, den ich brauchte. Hätte ich diese Arbeit nicht gehabt, dann hätte ich zur damaligen Zeit Selbstmord begangen, denn jeder Tag war ein neuer Kampf, und irgendwann gibt man eben auf. Wenn ich wach wurde, hatte ich keine Lust aufzustehen, weil ich schon im voraus wußte, was der neue Tag bringen würde.

Einmal kamen wir gerade mit unserem Vater aus dem Kinderheim, da begegnete uns eine blonde Frau: unsere Mutter! Ich habe sie nur schemenhaft gesehen, aber sie war in

Begleitung eines dunkelhäutigen Mannes. Er ist Türke, wie ich später erfuhr, und mit ihm ist sie auch jetzt noch verheiratet. Mein Vater fing sofort an zu schreien, und wir Kinder wußten überhaupt nicht, was los war: »Da kommt die doch tatsächlich nach den ganzen Jahren und meint, sie könnte euch hier einfach abholen. Das läuft nicht!« Er nahm uns fest bei den Händen, wurde immer energischer, immer erregter und brüllte sie an: »Du weißt genau, ich hab' das Sorgerecht für die Kinder gekriegt. Du bist laufen gegangen, hast die Kinder im Stich gelassen. Ich bin für die Kinder zuständig.« In diesem Augenblick hat er sich wirklich für uns stark gemacht. Sie machte auf dem Absatz kehrt und lief in den Wald. Was sie dann gemacht hat, ob sie geweint hat, ich weiß es nicht. Eigentlich wollte ich meiner Mutter hinterherlaufen, aber ich traute mich nicht. Mein Vater war ziemlich hart und dominant im Auftreten, und das hätte ich nie gewagt. Ich vermute, daß mein Vater ihr unter Drohungen verboten hatte, uns zu besuchen, denn meine Mutter hatte ja gar keine Rechte mehr an uns.

Bis heute würde ich meine Mutter eigentlich gerne sehen. Ich sage zwar, daß ich ihr böse bin, bin es aber nicht wirklich. Ich versuche immer wieder, mich in ihre damalige Situation hineinzuversetzen. Es war eine ganz andere Zeit, und die Beziehungen waren viel starrer. Der eine Partner wollte alles, der andere durfte nichts und wurde in einen goldenen Käfig gesperrt. Auch ich kann das nicht ertragen: Sobald ich merke, ich werde zu sehr eingeengt, gehe ich. Wenn eine Kundin meint, sie müsse mich einengen, dann komme ich mir dermaßen erdrückt vor und kriege eine solche Panik, so etwas wie Platzangst, dann muß ich raus, und wenn es nur ein Fenster ist. Ich mache es auf und springe aus dem Fenster. Dann sieht man von mir nur noch ein Rauchwölkchen.

Ich hatte einen Freund, den bestach ich meistens. Er war der Älteste in der Gruppe und auch so stark, daß er zum Aufpasser taugte. Man überließ ihm einfach ein paar der Süßigkeiten, die man sonntags mal mitgebracht bekam, bezahlte also für seinen Schutz quasi in Naturalien. Der Junge paßte dann auf mich auf und sorgte dafür, daß mich die Älteren nicht verhauten. Ich durfte auch mit Fußball spielen, was eine Art Ehre war, denn er hat immer ganz genau ausgewählt, wer in der Gruppe mitspielen durfte. Das waren schon richtige Rangordnungen, wie man sie auch aus dem Knast kennt. Er war der Obermacker, der sich von jedem bezahlen ließ. Eigentlich war er ein Einzelgänger, spielte viel für sich alleine und hatte ein tolles Tischfußballspiel. In der Gruppe tat er sich jedoch immer als Chef hervor: »Was ich sage, wird gemacht.«

Diese Art von Freundschaft, die sich bis in meine Lehrlingszeit hielt, basierte nur auf Bestechung, war ein gegenseitiges Ausnutzen. Die Jüngeren waren mir eigentlich immer zugetan, aber Dankbarkeit war da nicht zu spüren. Wenn ich mal einen Aussetzer hatte und mich auf eine Prügelei einließ, dann hieß es immer gleich: »Der Sven, der Sven, der Sven.« Es war immer der Sven, egal was vorgefallen war. Wenn zum Beispiel, was damals gang und gäbe war, mir jemand in die Hoden getreten hatte und ich am Boden lag, dann durfte ich mich nicht mal wehren. Ich durfte nicht zurückschlagen, ich durfte gar nichts. Im Grunde ist meine ganze Person vergewaltigt worden. Alle durften alles, nur ich durfte gar nichts. Das gilt eigentlich auch heute noch: Wenn ich irgend etwas anstelle, dann sieht das jeder. Wenn andere das gleiche tun, sieht man darüber hinweg.

Es gab einen Jungen im Heim, Heinz, den habe ich beschützt, weil er ein Jahr jünger war und öfter eine Tracht

Prügel einstecken mußte. Auch er konnte sich damals nicht so richtig durchsetzen. Aber es kam ein Zeitpunkt, da konnte ich mich einfach nicht mehr für ihn einsetzen. Heinz hatte nämlich einen Fehler: Er klaute alles, was nicht niet- und nagelfest war, bestahl auch die anderen Kinder, und da konnte ich ihn nicht weiter decken. Ich war ja an allem schuld: Ich war der Dieb, ich war der Schläger, und ich war der große Unruhestifter. Ich wurde immer mit einem aus der anderen Gruppe, der auch so extrem war, verglichen. Wir zwei waren die Schwererziehbaren. Mein Bruder war mehr der Diplomat und fiel mir manchmal auch ein bißchen ins Kreuz, was ich traurig fand. Mein Bruder war in meiner Gruppe, und teilweise standen wir Rücken an Rücken, da konnte uns keiner was. Wir haben uns zusammengetan, weil wir uns sagten: »Wir müssen zusammenhalten.« Aber der Rudelführer Karl konnte meinen Bruder auf seine Seite ziehen. Auch ich gab Karl meine Süßigkeiten, aber dann kam da gar nichts dafür rüber, ich fühlte mich verschaukelt. Ich wollte auch mal eine Gegenleistung für meine Schutzgeldzahlung, aber Karl wollte immer nur eines: einsacken.

Weihnachten und andere Feiertage gab es für mich oft nicht. Auch meine Geburtstage wurden nicht gefeiert, weil ich so frech war. Diese für Kinder so wichtigen Tage sind einfach ausgefallen. Ich mußte dann im Schlafraum strafexerzieren, stundenlang in einer Ecke stehen und die Decke anstarren. Und wehe, es kam einer rein, und ich hab' nur gezuckt, dann setzte es gleich eine Ohrfeige. Die anderen haben unterdessen schön Weihnachten gefeiert oder Geburtstag mit Kuchen und kleinen Geschenken. Ich kroch dann in mich rein. Meistens passierte kurz vor solchen Feiertagen irgendeine Rangelei. Also war wieder Strafexerzieren angesagt, obwohl ich mich mehr oder weniger für jemand anderen geopfert hatte. Irgendwie schien es mit dem Teufel zuzugehen – wieso tappte ich immer wieder in diese Falle? Mein Bruder war da ganz anders und litt deshalb auch nicht so unter dem Heim. Ich bin dagegen bis heute ein kleiner Rebell geblieben. Sauer war ich nie auf meinen Bruder, ganz im Gegenteil: Ich liebte ihn abgöttisch und freute mich, daß es wenigstens ihm gutging. Für mich war es ganz natürlich, die Rolle des Beschützers zu übernehmen.

Es gibt dieses schöne Lied: »Du mußt ein Schwein sein auf dieser Welt«, aber ich kann kein Schwein sein, ich bin einfach zu weich gekocht worden im Heim. Ich nehme mir öfters vor, jetzt brutal und knallhart zu werden und über Leichen zu gehen, aber ich kann es nicht. Und das macht mir enorm zu schaffen. Es gibt eigentlich nur ganz wenige Leute, die fair sind. Obwohl ich mit offenen Augen durchs Leben gehe und viel mit Menschen zu tun habe, bin ich noch nicht vielen fairen und ehrlichen Menschen begegnet. Ich bin immer ausgenutzt worden, kann auch keinem böse sein und verzeihe schnell. Das liegt sicher daran, daß ich ein Heimkind bin und die dort erlernten Verhaltensweisen tief in mir drinstecken.

Ich wurde im Heim nicht als vollwertiger Mensch betrachtet, sondern als Dreck. Und so komme ich mir heute auch noch oft vor – als nicht vollwertig. Dieses Gefühl hat mir die für unsere Gruppe zuständige Nonne immer vermittelt, durch ihre ganze Art und Gestik. Sie hat mir damit das Rückgrat gebrochen. Ich könnte viel besser in meinem heutigen Leben bestehen, hätte ich mehr Selbstbewußtsein, aber das hat in all den Heimjahren enorm gelitten. Selbst wenn ich mal gute Leistungen gebracht hatte, wurden sie runtergespielt. Ob das nun im Sport oder in Mathematik war, alles wurde niedergemacht. Wenn ich mich mal freute oder eine Erfolgschance sah, wurde dieses positive Gefühl gleich durch Worte oder Gesten zerstört. Immer wenn ich ein Lob erhoffte, kam höchstens: »Na ja, ganz o.k.« Ich bekam für keine meiner guten Leistungen eine Anerkennung, und irgendwann habe ich dann aufgegeben.

Natürlich war ich auch derjenige, der die besten Jobs im Heim zugeteilt bekam: Hatte jemand gekotzt, so mußte ich ran, und verstopfte Klos sauberzumachen, das war meine Spezialität.

Man schikanierte uns auch durch Essensentzug. Manchmal bekam ich den ganzen Tag nichts zu essen, manchmal war das Gegenteil der Fall. Ich mochte beispielsweise keinen Rotkohl, kann ihn bis heute nicht ausstehen, aber ich mußte ihn essen. Der Teller mußte leer gemacht werden. Manchmal bekam man sogar besonders viel von dem, was man gerade nicht mochte. Wir saßen bei den Mahlzeiten um einen großen eckigen Tisch. Vorher wurde gebetet, während des Essens geschwiegen und die ganze Zeit lief eine Nonne wie ein Schiedsrichter auf dem Fußballfeld herum und paßte genau auf. Heimlich unter dem Tisch gaben wir uns dann Häppchen weiter oder tauschten die Portionen. Aber wehe, wenn die Nonne hinter einem stand! Meistens baute sie sich hinter mir auf, und dann mußte ich den Schlangenfraß aufessen und ihn in mich reinstopfen, auch wenn ich fast kotzen mußte. Das Essen zwängten sie uns mit Gewalt rein, wobei sie den Kopf an den Haaren nach hinten rissen. Was man ausspuckte, das wurde einem wieder reingestopft – bis der Teller leer war. Samstagabends gab es Brötchen mit Schmelzkäse und Kakao. Das war lecker, und alle haben sich darauf gefreut. Mit Äpfeln wurde richtig gehandelt: Für vier Äpfel bekam man eine Tafel Schokolade. Wenn man nichts zum Tauschen hatte, war man arm dran, und viele Kinder im Heim bekamen nie Besuch. Ich war froh, daß mir mein Vater ab und zu eine Tüte Süßigkeiten mitbrachte.

Manchmal gab es im Heim abends für jeden ein Bonbon. Die anderen haben das immer gleich gegessen, ich dagegen habe es gehamstert. Diesen Hamsterinstinkt braucht man im Heim, weil man irgendwann die Bonbons tauschen kann oder eine Gegenleistung dafür bekommt. Karl, der Anführer im Heim, war zum Beispiel mit mir draußen auf der Hauptschule, und ich hatte Probleme mit ein paar größeren Jungs. Das war normal, denn die Heimkinder hatten immer schlechte Karten. Da bekam Karl zehn oder fünfzehn Bonbons von mir, und die Sache war geritzt. Genausooft hat er mich jedoch auch gelinkt: Er nahm die Bonbons, und ich bekam trotzdem Prügel.

Wir hatten auch einen bissigen Hund im Heim, der uns aber freundlich gesinnt war. Diesen schwarzen Schäferhund haben wir Kinder geliebt. Wir konnten in den Zwinger gehen, ohne daß etwas passierte. Ich hatte die Aufgabe, das Fleisch für den Hund einzugraben. Wir mußten es immer so lange verbuddeln, bis es modrig war, erst dann durfte der Hund es fressen. Die Nonnen wollten das so, denn der Hund ist ja ein wildes Tier, und deshalb mußte das genauso gemacht werden wie in der Wildnis. Wir verscharrten das Fleisch also, und nach sechs, sieben Tagen, wenn die Maden schon drin herumkrabbelten, gruben wir es wieder aus, und der Hund fraß das. Für solche Arbeiten waren wir immer gut genug.

Außer dem Hund hielten wir uns auch Schweine. Die Nonnen wollten einen Kellerraum zum Schweinestall umfunktionieren, aber dazu mußte er erst leer geräumt werden. Dabei gab es nur einen Haken: Er war voller Ratten. Jeder

von uns bekam also eine Mistgabel, die Nonnen legten in der hinteren Ecke des Kellerraums ein Feuer, und wir mußten mit der Mistgabel die Ratten, die abhauen wollten, aufspießen. Das war dann ein Job für die Mutigeren unter uns, den harten Kern.

Ich mußte auch dabeisein, wenn sie einer Sau den Wams aufrissen. Das werde ich nie vergessen. Ich war damals zwölf Jahre alt. Erst wurde das Schwein an einer Wanne festgebunden, dann ein Bolzenschußgerät angesetzt und schließlich der Bauch aufgeschlitzt. Die ganzen Gedärme schossen heraus.

Ich hatte hinter dem Haus im Gebüsch eine Grube, in der ich mich versteckte, wenn die Luft zu heiß wurde. Ich kletterte in diesen stillgelegten Kanal, machte mich unsichtbar. Die Nonnen dachten dann oft, ich wäre ausgebüxt. Ich versteckte dort ein bißchen Proviant, Schokolade, Plätzchen oder ähnliches, und hatte auch ein Mittelwellenradio. So konnte ich wenigstens zwischendurch mal alleine sein. Eines Tages lag dort auf einmal eine dicke Sau. Ich bin darüber furchtbar erschrocken. Sie war aus dem Stall abgehauen und hatte dann einen Hitzschlag bekommen. Ich sagte den Nonnen Bescheid, und sie sorgten dafür, daß die Sau abtransportiert wurde. Auf meine Frage, was denn mit dem Tier passierte, antworteten sie mir, daß es im Zoo verfüttert würde.

Mit acht oder neun Jahren wurde ich als Meßdiener eingewiesen, und das hieß morgens um halb fünf aufstehen. Für die Frühmesse mußte ich mit nüchternem Magen in die Kirche, die auf dem Gelände des Kinderheims lag, und dem Pastor zur Hand gehen. Feiertage habe ich auch gehaßt, weil das tagelanges Üben bedeutete. Ich war auch im Kirchenchor, habe aber mehr gebrummt als gesungen. Der Pastor ließ mich mehrere Male vorsingen, war aber nicht besonders begeistert von meiner Stimme. Deswegen durfte ich nur mitsummen.

Ich war von Anfang an, als ich ins Kinderheim kam, gegenüber der Kirche sehr mißtrauisch. Der Pastor war meistens stark angetrunken, hatte immer eine Kiste Bier oben auf dem Schrank stehen und brachte kein interessantes Programm für uns Kinder auf die Beine. Er war schon älter, so an die Sechzig, und hatte kein Verständnis für uns Kinder. Dabei hätte er eine männliche Bezugsperson sein können, eine Art Vaterersatz, aber von seiner Seite kam überhaupt nichts. Er kannte nur seine katholische Kirche, seinen Meßwein, von dem er immer reichlich während der Messe trank, und seinen Kasten Bier, das war alles. Man konnte kein Vertrauen zu ihm haben. Wenn man mal etwas falsch gemacht hatte, bekam man auch von ihm gleich eine Tracht Prügel.

Ich war ungefähr ein Jahr lang Meßdiener. Das war eine Art Bestrafung, denn welches Kind steht schon gerne frühmorgens auf und zieht auf nüchternen Magen eine Stunde Messe durch? Mir ist auch öfters schlecht geworden, so daß ich fast umkippte, aber ich habe mir das nie anmerken lassen, weil ich nicht zeigen wollte, wie ich mich fühlte. Wir waren zwei Meßdiener, außer beim Hochamt, das zweimal in der Woche morgens um sieben stattfand und den Nonnen vorbehalten war.

Eine Zeitlang habe ich versucht, mich in die ganze Sache hineinzuversetzen. Es wurde ja auch viel in der Bibel gelesen und wir hatten Religionsunterricht. Dabei wurde von Nächstenliebe gesprochen, aber die spürte ich nicht im Heim, und deshalb war Kirche für mich gleichbedeutend mit Lug und Trug. Die Zeit im Heim hat mich geprägt, so daß ich heute ein absoluter Gegner der katholischen Kirche bin.

Wir mußten auch Latein lernen, und wenn wir die entsprechenden Sätze nicht ganz parat hatten, dann knallte der Pfarrer uns eine – während des Gottesdienstes. Das hallte in der Kirche natürlich unheimlich, aber es war ihm egal, weil er von den Nonnen Rückendeckung hatte. Jeden Samstag mußten wir zur Beichte. Da wurde gelogen, daß sich die Balken bogen. Wir Kinder wußten zwar gar nicht, was man überhaupt beichten sollte, aber jeden Samstag war kontinuierlich Beichte, und für die Sünden setzte es zehn Ave Maria oder mehr. Ich glaube nicht, daß irgendein Kind aus dem Heim noch einen Bezug zur katholischen Kirche hat, denn diese Mischung aus Beten und Disziplin verleidete uns jegliche Religion.

Wenn die Nonne mal wieder eine Klobürste auf mir zerschlagen hatte, bin ich abgehauen. Ungefähr 250 Meter entfernt war eine Siedlung, in der Jungen und Mädchen aus der Hauptschule wohnten. Die waren sowieso nicht gut auf das Nonnenheim zu sprechen und haben mich deshalb versteckt und mit Essen versorgt. Ihre Eltern durften das natürlich nicht erfahren. Irgendwann holte einen dann aber doch die Realität ein. Entweder bin ich aus freien Stücken zurückgegangen oder die Polizei wurde verständigt. Ich bin sehr oft ausgebrochen, habe Zäune überstiegen und bin dann von der Polizei wieder eingefangen worden. Ich fühlte mich im Heim einfach nicht wohl. Aber ich war nicht der einzige, der ausbüxte, und die Siedlung war meistens unser erstes Ziel. Es gab dort einen Kiosk, wo man sich traf. Dort hat die Polizei uns irgendwann eingesammelt und ins Heim zurückgebracht. Solange sich die Polizisten im Haus aufhielten, waren die Nonnen richtig nett, aber sobald diese gingen, gab es eine Tracht Prügel und Stubenarrest. Man mußte nach der Schule stundenlang in einem Raum stehen und Gebete oder lateinische Verse auswendig lernen. Wenn das nicht klappte – und ich konnte noch nie gut auswendig lernen –, setzte es wieder Prügel. Man konnte sich gar nicht auf den Stoff konzentrieren, den man auswendig lernen sollte, denn die Gedanken kreisten immer um die Bestrafungen, die auf einen warteten, wenn man es nicht schaffte.

Einmal wurde ich, nur mit Unterwäsche bekleidet, eineinhalb Tage lang in den Keller gesperrt und bekam auch so gut wie nichts zu essen. Ich war immer sehr vorlaut, und deshalb meinten die Nonnen, sie müßten mir eine extrem harte Strafe – eine »erzieherische Maßnahme« – zukommen lassen. Es war sehr kalt im Keller, denn es gab dort keine Heizung. Ich mußte trotzdem barfuß auf dem Estrichboden stehen. Noch heute bin ich sehr empfindlich gegenüber Kälte, leide unter kalten Füßen. Ich schlafe immer mit dicken Socken oder Stulpen. Diese Strafe fand ich auf der einen Seite brutal, aber auf der anderen Seite hatte ich auch endlich meine Ruhe. Deshalb fürchtete ich mich nie im dunklen Keller. Vielleicht legte ich es manchmal sogar darauf an, dorthin verbannt zu werden, um aus der Tretmühle herauszukommen und für mich allein zu sein – so, wie einer im Knast, der Einzelhaft haben will. Ich war immer ein Eigenbrötler und konnte mich schlecht eingliedern. Durch die häufige Isolation habe ich auch gelernt, für mich allein zu sein; ich brauche auch heute nicht unbedingt viele Menschen um mich herum, um mich wohl zu fühlen. Bis ich ins Lehrlingsheim kam, war das in Ordnung, aber danach hatte ich große Kontaktschwierigkeiten.

In der Schule, das heißt in der Hauptschule außerhalb des Heims, gab es auch Probleme. Die anderen Kinder haben erst mal mit den Fingern auf mich gezeigt, weil es ja auch sehr selten war, daß ein Heimkind auf die Schule draußen ging. Zuerst bekam ich wie jeder zum Einstand eine Tracht Prügel, das war ganz normal. Man mußte sich durchboxen, und wenn man nicht aggressiv genug war, konnte man sich nie mehr durchsetzen. In dieser Zeit habe ich mir ein aggressives, jähzorniges Verhalten angewöhnt. Anfangs gab es viel Prügel, und auch Mädchen beteiligten sich daran. Sie waren am brutalsten und traten mit Vorliebe zwischen die Beine. An meinem ersten Tag in der Schule wurde mir die Pudelmütze heruntergerissen, ein paar Jungen hielten mich fest, und ein Mädchen trat mir in den Unterleib. Das sollte so viel bedeuten wie: »Hallo, du bist ein Heimkind und ein Mensch dritter Klasse.« Nach dieser harten Eingewöhnungsphase schlugen sich einige Mitschüler auf meine Seite.

Viele Heimkinder lassen sich ausnutzen, denken an Selbstmord oder sind auf Drogen, weil sie einfach mit der Realität nicht zurechtkommen. Sie denken immer: »Wenn ich aus dem Heim komme, wird alles gut und schön. Die Menschen draußen, die sind gut, und alles wird sich zum Guten wenden.« Aber im Grunde gibt es nicht viel Gutes, meist wird man nur reingelegt und verschaukelt, egal, ob es nun um Gefühle oder Geschäfte geht. So ist es bei mir überwiegend auch gewesen. Hätte ich nur etwas mehr Härte besessen, wäre für mich vieles einfacher gewesen.

Wenn man von klein auf immer nur kämpfen muß, dann kommt man nicht sehr weit. Ich habe mir mein Leben auch irgendwie anders vorgestellt. Ich hätte nie gedacht, daß ich mich mal als Callboy und Stripper durchschlagen werde. Als Heimkind gerät man schnell in eine Tretmühle, aus der man nicht mehr rauskommt.

Mit meinem Bruder habe ich nie über so etwas gesprochen, sondern wir unterhielten uns nur über normale alltägliche Dinge wie Autos und so. Bei meinem Bruder war da nichts zu holen, aber wir haben auch nie gelernt, offen über unsere Gefühle zu reden, und ich tue mich auch heute sehr schwer damit. Daß ich einen Bruder hatte, half mir im Heim nicht, dazu war ich zu verschlossen. Mein Bruder war da anders, viel offener und aufgeschlossener. Er kam auch mit der Situation besser zurecht, weil er nicht so wie ich immer gegen den Strom schwamm. Mit dem Strom zu schwimmen ist mir zu einfach. Zwischendurch lasse ich mich auch mal treiben, aber eigentlich bringt mir das keine Erfüllung. Ich will irgend etwas Besonderes machen, etwas Besonderes erleben. Vielleicht ist das so eine Art Ersatzbefriedigung für mich, eine Entschädigung für meine beschissene Kinder- und Jugendzeit. Die meisten, ob Männlein oder Weiblein, haben aber in mir mehr das Sexobjekt als den Menschen gesehen. Ich dachte manchmal, endlich jemanden gefunden zu haben, jemand, der lieb und nett zu mir war, doch meist stellte sich heraus, daß er oder sie nur schweinische Hintergedanken hatte. Dann habe ich mich ganz schnell wieder zurückgezogen.

Erste sexuelle Erfahrungen

Als wir in die Pubertät kamen, lebten wir immer noch mit ungefähr dreißig Kindern in einem Raum. Wir schliefen in Hochbetten, zwischen denen nur Raum für einen kleinen Gang war, ähnlich einer Kaserne oder einer alten Jugendherberge. Man hatte gar keine Privatsphäre, und man bekam natürlich öfters mit, daß einer der Jungs Hand an sich legte. Irgendeiner onanierte immer – heimlich, unter der Bettdecke. Man mußte jedoch aufpassen, daß die Nonne nichts mitbekam. Sie hatte nämlich genau in der Mitte des Raumes ihr Kabuff, in dem sie wohnte und schlief. Das Kabuff hatte kleine Verbindungsfensterchen, und da schaute die Nonne natürlich zwischendurch immer mal durch. Ich glaube heute, daß sie ab und zu gespannt hat, was da so abging. Wir hatten eine Notbeleuchtung, eine gelbe Lampe an der Decke, so daß man schemenhaft etwas erkennen konnte. Das war bei über dreißig Kindern auch nötig, denn wenn da mal einer aufs Klo wollte, wäre er ja im Dunkeln über zehn Betten gestolpert und im falschen Bett gelandet. Mein Bruder kriegte als erster mit, daß einer unter der Bettdecke rumfummelte. So probierte er es auch und sagte dann zu mir: »Poh, Mensch Meier, ich reibe bei mir zwischen den Beinen am Penis, das ist toll, und da kommt auch was raus«, und dann ging es los: eine Art Wettbewerb im Onanieren. Nicht alle haben sich daran beteiligt, denn ein Teil schlief schon, aber wer noch wach war, legte fleißig Hand an, denn wir wollten sehen, was da kommt. Zu der Zeit kam natürlich nur sogenanntes »Blauwässerchen« heraus, mehr war da noch nicht zu holen. Trotzdem war es ein schönes Gefühl, etwas ganz Neues, was wir bis dahin gar nicht gekannt hatten – ein richtiges Glücksgefühl! Nach dieser ersten Erfahrung legte ich öfter, zwar nicht jede Nacht, aber schon des öfteren Hand an, denn so konnte ich endlich mal ausbrechen aus der ganzen Scheiße. Es war ein unbeschreibliches Gefühl, das zwar nur kurz andauerte, aber es war schön. Ich war eine Zeitlang extrem aufs Onanieren fixiert. Etwas später kam es dann unweigerlich dazu, daß wir Jungs miteinander in die Betten stiegen und uns verglichen.

Wir haben uns dann gegenseitig gestreichelt und massiert. Der eine steckte dem anderen seinen Penis zwischen die Beine, das war dann so eine Art Vagina. Ich habe fleißig mitgemacht, weil es einfach schön war. Wir haben untereinander Zärtlichkeiten ausgetauscht, und das war auch die einzige Möglichkeit, Gefühle zu zeigen. Bei mir wurde das Onanieren extrem, weil ich immer mehr Gefallen an der Sache fand. Aber ein Junge brachte mir letztendlich nicht viel. Und so begab ich mich auf die Pirsch. Was heißt Pirsch? Wir hatten ja ein Fräulein in der Gruppe!

Ich war ungefähr elf Jahre alt, als ich zum ersten Mal versuchte, mit dem Fräulein Kontakt zu kriegen, Körperkontakt. Sie war damals ungefähr 28 Jahre alt. Wenn wir mit ihr Verstecken spielten, habe ich mich an sie gedrückt, mich an sie geschmiegt. Sie war sehr vollbusig, und ich glaube, sie fand das auch schön. Für sie war das eine spielerische Sache, aber sie muß gemerkt haben, daß ich erregt war, und deshalb blockte sie auch schon mal ab.

Doch eines Tages, wir waren im Wald, geschah etwas, das mich umhaute. Eigenartigerweise war sie der Auslöser, denn sie sagte: »Na, Sven, wie sieht es aus, sollen wir zwei denn mal ein kleines Ringkämpfchen machen?« – »Oh!« dachte ich, »Ringkämpfchen hört sich gut an.« Die anderen Jungs spielten im Wald, versteckten sich oder sammelten Holz. Es war warm, und bei mir in der Hose war mal wieder die Hölle los. Da kam es mir sehr gelegen, als sie mich aufforderte, einen Ringkampf zu machen. Ich habe mich auf sie gelegt und mit ihr gerangelt. Es war wunderbar, diesen großen Busen zu fühlen, ein sehr beglückendes Gefühl!

Einen Tag später hatte ich das Privileg – alle anderen Kinder mußten zurück in den Gruppenraum –, mit auf ihr Zimmer kommen zu dürfen. Sie hatte zu der damaligen Zeit einen Raum in einem Nachbarhaus, das eigentlich für die Nonnen bestimmt war. »Komm du mal mit zu mir, Sven, ich möchte etwas mit dir besprechen«, forderte sie mich auf. Dann saß ich bei ihr im Zimmer, und ich mußte mich mit dem Gesicht zum Spiegel setzen. Dann entblätterte sie sich, und ich wurde halb wahnsinnig vor Lust. Gut, ich war geil, aber es ging mir nicht allein um die Geilheit, sondern darum, einmal einen weiblichen Körper zu sehen. Sie entledigte sich nach und nach aller Kleidungsstücke, bis sie nackt am Waschbecken stand. Dann fing sie an, sich zu waschen. Ich war drauf und dran, sie anzuspringen. Ich meine damit nicht, daß ich vorhatte, sie zu vergewaltigen, sondern ich wollte sie einfach umarmen, um zu sehen, was da noch kommt. Ich kämpfte wie ein Geisteskranker mit mir, hatte wirre Gedanken: Ich möchte sie berühren, ich kriege Schläge, wenn ich es tue, die dreht durch usw. Wenn ich heute darüber nachdenke, war dieses Gefühl wie eine Explosion, nur daß es nicht zur Detonation gekommen ist. Wenn ich jetzt darüber nachdenke, wäre es vielleicht besser gewesen, wenn ich sie angefaßt hätte. Denn fortan war ich von diesem Gedanken regelrecht besessen.

Zwei Wochen später bezog sie ein Zimmer bei uns im Haus. Von diesem Augenblick an suchte ich immer, sobald die Nonne das Haus verließ, zum Beispiel um in die Sakristei zu gehen, den Kontakt zu dem Fräulein. Ich wußte ja, daß sie sich meistens unten in ihrem Zimmer aufhielt, es sei denn, sie war bei ihrem Freund. Wenn ich konnte, habe ich sie nachts beobachtet. Durch das Schlüsselloch konnte ich fast alles sehen: Links hing das Waschbecken, davor stand sie oft nackt. Sie hatte einen bestimmten Tagesrhythmus und den kannte ich genau. Ich wußte zum Beispiel, wann sie sich schlafen legte. Zur selben Zeit ging die Nonne nach unten in die Waschküche, um die Wäsche zu sortieren. Die große Wäsche wurde zwar in der Wäscherei im Kinderheim gemacht, aber Kleinigkeiten mußten die Nonnen selber waschen. Ich hatte also freie Bahn und stand vor der Tür des Fräuleins am Schlüsselloch, habe meinen Johannes gerieben und gewichst wie ein Weltmeister. Wie ein Spanner! Ich war in einer Konfliktsituation, denn einerseits wußte ich, daß ich nicht einfach in ihr Zimmer gehen konnte, auf der anderen Seite hatte ich den starken Drang, während ich mich befriedigte, die Tür aufzustoßen. Ich bin bei diesen Aktionen zum Glück nie erwischt worden, denn ich war gut im Spannen. Übrigens bin ich das eigentlich heute noch. Das Timing stimmte, ich hatte das ganz genau ausgetüftelt. Wenn das Fräulein mal längere Zeit nicht da war, bekam ich Depressionen, weil diese Erlebnisse für mich Lichtblicke in meinem Leben waren – sie haben mich in andere Sphären gehoben. Es war für mich das Allergrößte! Die Sexualität wurde so für mich zu einer schönen, positiven Erfahrung. Sie war die erste Frau, die ich nackt sah, danach – als ich ungefähr dreizehn oder vierzehn Jahre alt war – habe ich auch schon mal eine Sex-Zeitung wie »Praline« aus der Mülltonne geholt, wenn ich getürmt bin.

Das ging ungefähr ein Jahr so. Dann kam der Tag, als ich in ihr Zimmer gestürmt bin. Ich hatte eine kleine Latte und habe sie umarmt. Sie aber wollte das nicht, und das habe ich überhaupt nicht verstanden. Sie war geschockt, erschrocken und sprachlos. Schließlich schubste sie mich dann aus dem Zimmer. Sie sprach dabei kein Wort, auch die Nonne hat nie etwas davon erfahren. Am nächsten Tag bin ich zu ihr gegangen und habe gesagt: »Ich möchte so gern in Ihre Vagina.«

Sie scheuerte mir eine und antwortete: »Hör mal zu, überleg dir mal, wie alt du bist, welcher Altersunterschied zwischen uns ist, was passieren kann. Ich könnte das jetzt der Schwester sagen!«

Damit war die Sache beendet. Ein halbes Jahr später ist das Fräulein dann sowieso abgesägt worden, weil sie zu gut zu den Kindern war. Dabei ging es nicht um irgendwelche sexuellen Eskapaden, nein, sie war einfach zu lieb. Das war für mich ein Schock, denn die Quelle war nun versiegt.

Ich versuchte dann, mit irgendwelchen Mädchen aus dem Nachbarheim anzubandeln. Ich trat freiwillig in den Kochkurs ein, als einziger Junge. So bekam ich Kontakt zu den Mädchen. Zunächst ging es nur um Petting, denn damals wußte ich ja noch gar nicht, wo die Scheide ist. Ich habe mit den Mädchen unten im Keller gelegen, ganz im Dunkeln auf dem kalten Estrich. Man hatte sonst ja auch keine Möglichkeit, so etwas zu machen, ohne gesehen zu werden. Wenn ich Kellerdienst hatte, verabredete ich mich dort. Dann fingen wir ein bißchen zu fummeln an. Das Mädchen wußte natürlich gleich, wo der Schniedel hängt – ist ja auch nicht zu übersehen. Aber ich hatte so meine Probleme mit der weiblichen Anatomie. Ich dachte immer, ich wär' ganz gut drauf und wüßte alles. Ich fummelte dann immer am Bauchnabel herum, weil ich dachte, die Scheide läge irgendwo im Bauchnabelbereich. Ich war erst tierisch erregt, dann, als es nicht klappte, total deprimiert, denn es kam natürlich nicht zum Samenerguß. Das waren meine ersten Erfahrungen mit gleichaltrigen Mädchen. Natürlich war das für mich erregend, aber ich drehte langsam wieder durch: Jetzt hatte ich zwar unten im Dunkeln ein Mädchen, aber wie sollte es denn nun weitergehen?

So habe ich die Nonne permanent mit Sexfragen bombardiert: Wo ist die Scheide? Was ist eine Periode? Was ist die Klitoris? Wird eine Scheide feucht? Sie geilte sich immer mehr an den Fragen auf, wollte wissen, ob ich jemanden kennengelernt hätte, ob ich eine Freundin hätte? Sie fragte mich auch: »Onanierst du etwa? Du weißt, wenn du onanierst, wirst du krank.«

Zu ihren blöden Sprüchen gehörte auch, daß ich mich durchs Onanieren körperlich nicht richtig entwickeln würde. Das hat mich aber nicht abgeschreckt, weil das Onanieren so schöne Gefühle hervorrief. Davon konnte man doch nicht krank werden!

Eines Abends rief sie mich dann auf ihr Zimmer und fing an, mich unten zu massieren. Ehrlich gesagt war ich am Anfang nicht besonders erregt, im Gegenteil: Ich hatte Panik, denn sie war eine Autoritätsperson und trug noch dazu ihre Uniform. Dann legte sie das Häubchen ab. Sie hatte lange Haare, war ungefähr 26 Jahre alt, eine junge, attraktive Frau. Und schließlich hob sie ihre Kutte hoch – sie trug nichts darunter. Ich durfte sie anfassen und streicheln. Wir hatten keinen Verkehr, sie hat mir nur alles an sich gezeigt. Ich durfte alles sehen. Aber sie blieb für mich eine Nonne, schließlich trug sie ja auch noch ihre Kutte. Keiner von uns sprach ein Wort, aber erregt war sie auf jeden Fall. Ich kann schließlich unterscheiden, ob eine Scheide feucht oder trocken ist. Ich hatte meinen ersten Samenerguß von einer Nonnenhand!

Danach wurde es mit mir noch schlimmer, weil ich den Respekt vor ihr verlor. Außerdem hatte ich sie auch ein bißchen in der Hand. Später hat sie mir einmal eine gescheuert, und ich schoß hoch und sagte: »Du, du kannst mir gar nichts« und habe ihr meinen Kopf in den Bauch gerammt, so daß sie auf den Boden stürzte und kurze Zeit k.o. war.

»Du kommst ins Heim für Schwererziehbare!«

»Ich komme nicht ins Heim für Schwererziehbare!«

Dann hat sie sich wohl überlegt, welche Folgen das haben könnte, und hat die Angelegenheit vorerst auf sich beruhen lassen.

Ich habe mit niemandem über das Erlebnis gesprochen. Das war mein Geheimnis. Ich hätte mir ja dadurch alles kaputtgemacht, und außerdem hätte mir auch keiner geglaubt.

Die anderen Jungs aus dem Heim haben meines Wissens in dieser Zeit nur gewichst, waren auf einem ganz anderen Level. Wenn die anderen draußen spielten, ging ich in die Büsche, habe den Mädels zugesehen und mir einen runtergeholt.

Später kam dann ein Pädagoge, ein Erzieher in unser Heim, aber der war für mich uninteressant, weil ich nicht auf Männer stand. Er war ein netter Kerl und hat auch viel für uns Jungs getan. Ein Mann kann ganz anders mit Jungs umgehen, zum Beispiel Abenteuergeschichten erzählen. Mir ging es aber um etwas ganz anderes: Ich wollte Wärme, Zuneigung, Zärtlichkeit. Die bekam ich an dem gewissen Abend von der Schwester, aber eben nur einmal, denn das Ereignis wiederholte sich nicht. Es wurde auch nicht darüber gesprochen – es war gerade so, als wenn es nie passiert wäre. Sie war aber deshalb auch nicht strenger mit mir, eher warmherziger. Ich jedoch verspürte ein gewisses Unbehagen, wenn ich sie in ihrer Kluft sah. Es war wie ein Traum. Warum hatte sie das mit mir gemacht? Was passierte mit mir? Was war da los? Vielleicht hatte ich auch die ganze Zeit nur auf eine zärtliche Berührung gewartet – ich war ja so leicht zu haben.

Die Nonne erzählte mir einmal, daß sie eine kurze Beziehung gehabt hätte, die dann in die Hose gegangen sei. Wahrscheinlich ist sie aus Frust ins Kloster gegangen und wollte im Grunde genommen gar nicht Nonne sein. Deshalb hatte sie auch diese Ausbrüche gegenüber den Kindern – sie wollte sich dadurch befreien. Mein Bruder fährt heute noch ab und zu ins Heim, um hallo zu sagen, aber ich bin nicht der Typ dafür. Ich habe das einmal gemacht, und da war sie so wahnsinnig nett, daß ich ihr ins Gesicht gesagt habe: »Das hätten Sie eigentlich sein sollen, als wir Kinder waren. Ich habe in Ihnen immer eine Mutter gesucht.«

Es waren zu viele Kinder im Heim, da kann man die Liebe nicht gerecht verteilen, aber das rechtfertigt noch lange nicht die körperliche und vor allem die seelische Grausamkeit. Wenn man aus der Gemeinschaft ausgeschlossen und behandelt wird wie der letzte Dreck, wie Scheiße – das ist unerträglich und hinterläßt deutliche Spuren.

Als wir ungefähr dreizehn Jahre alt waren, bauten mein Bruder und ich uns Holzhütten im Wald, in denen wir kleine Sexorgien mit drei oder vier Mädels feierten. Wir spielten Kleiderpoker und Flaschendrehen. Anfangs konnten wir alles ganz gut tarnen, aber dann wurden wir erwischt. Der Hausmeister hat uns, das heißt meinen Bruder, verpetzt. Wir sind wohl offensichtlich zu laut gewesen, vor allem kreischten die Mädchen zu laut. »Das läuft hier aber nicht noch einmal!« hieß es, und die Hütten wurden abgerissen. Wir durften sie dann näher am Heim wiederaufbauen. So hatten uns die Nonnen immer im Blick.

Das einzige Mädchen, bei dem so etwas wie Liebe mit im Spiel war, hieß Karin. Sie ging in die Hauptschule, und wir schrieben uns Liebesbriefe. Aber ich bin nicht lange auf die Hauptschule gegangen. Ich schwänzte viel, und manchmal versteckte mich Karin im Keller ihrer Eltern. Da das Niveau zwischen Heimschule und der Schule draußen sehr unterschiedlich war, konnte ich, als ich an die Heimschule zurückkam, auch eine Klasse überspringen. Ich bin dann von der sechsten Klasse gleich in die achte gekommen und habe dann auch meinen Abschluß gemacht. Mein Bruder hat es leider nicht geschafft, der mußte im Heim bleiben.

Durch den Kochkurs, den ich weiterhin besuchte, kam ich ziemlich oft mit Mädels zusammen. Das war wahnsinnig. Wir schrieben uns Liebesbriefe, aber ich war nicht direkt verliebt. Viele Briefe wurden heimlich weitergereicht, denn es durfte ja keiner wissen, daß sich zwischen dem Mädchen- und dem Jungenblock etwas anbahnte. Schließlich kannte ich fast alle Mädchen. Ich hatte einen wahnsinnigen Verschleiß, und die meisten waren ein bis zwei Jahre älter. Es gab natürlich gewisse Ausnahmen, an die ich mich nicht herantraute oder die zu jung waren. Aber ich wollte bei jedem Mädel mal anhorchen, antesten und alle kennenlernen. Ich wußte natürlich schon einiges und wollte diese

Erfahrung auch weitergeben, aber in der Hauptsache ging es mir bei den Mädchen um die Berührung und die Zärtlichkeit.

Daß ich mich durch die Erfahrung mit der Nonne und dem Fräulein mehr zu älteren Frauen hingezogen fühlte, hat sich erst später herausgestellt, aber es ist bis heute so geblieben: Die Frauen sind für mich halb Mutter, halb Geliebte. Mit so ganz jungen Küken kann ich nichts anfangen. Außerdem finde ich es besser, wenn die Mädels ihre Erfahrungen mit Gleichaltrigen machen. Da bin ich fair: Ich will einem Mädel nichts kaputtmachen und verbauen. Ich bin in der Sexualität viel weiter und sie könnte vielleicht auch was von mir lernen, aber ich finde es viel schöner, wenn beide noch unbefangen sind und gemeinsam erfahren, was Sexualität ist.

Im Alter von dreizehn sind wir vom Heim aus in ganz Deutschland auf Bauernhöfe verschickt worden. Ich war im Saarland bei einem Bauern mit vier Töchtern im Alter von dreizehn bis siebzehn. Ich schlief im Wohnzimmer. Beim Heueinholen lag ich dann mit einer der Töchter im Heu, und der Bauer hat mich dabei erwischt. Das gab ein wahnsinniges Theater. Am gleichen Abend waren wir auf einer Grillparty eingeladen. Ich habe mir in den schönsten Farben ausgemalt, was da abgehen könnte, denn die Töchter waren auch mit von der Partie. Ich durfte an dem Abend aber nicht bei dem Bauern schlafen, sondern mußte bei einer anderen Familie übernachten. Die hatten einen Sohn, der war ungefähr siebzehn oder achtzehn und kam mir gleich so komisch vor, so warmherzig. Er flößte mir Alkohol ein, und ich trank so lange, bis ich schließlich sternhagelvoll in ein Kornfeld gefallen bin: meine ersten Erfahrungen mit Alkohol! Die Erwachsenen trugen mich dann aus dem Kornfeld raus und brachten mich auf ein Zimmer. Dort begann der Sohn, an mir rumzufingern. Zuerst registrierte ich es gar nicht richtig, aber dann machten sich bei mir Gefühle breit. Ich dachte nur: Bist du jetzt schwul geworden oder stehst du auf alles, auf Jungen und Weiber? Der Sohn wollte mich dann auch in den Po bumsen, das wollte ich aber nicht. Ich habe dann abgeblockt. Ich hatte unwahrscheinlich zu kämpfen, weil ich ja auch betrunken war und er ziemlich brutal an die Sache ranging. Erst hatte er mich betrunken gemacht, und dann war ich ihm da oben mehr oder weniger ausgeliefert. Das war also meine erste Erfahrung mit einem jungen Mann. Später im Lehrlingsheim folgte dann ein regelrecht traumatisches Erlebnis dieser Art.

So, wie die Mädels auf mich standen, war das auch mit Männern. Mir sind die Männer förmlich hinterhergelaufen. Das ist auch heute noch so. Wenn ich durch die Stadt gehe, gibt es viele Warmherzige, die sich mir offenbaren. Ich bin froh, daß ich nicht schwul geworden bin, obwohl mir das viele gewünscht haben. Viele Jungs aus dem Kinderheim sind schwul geblieben, haben sich mit der Sache auseinandergesetzt und sind damit gut zurechtgekommen. Aus meiner Gruppe sind es mindestens zehn. Die haben nie die Chance beim Schopf gepackt, einmal mit einem Mädel zu schlafen. Allerdings haben sie ihre Neigung gut getarnt: Wenn man sich später wiedertraf, zum Beispiel im Lehrlingsheim, dann waren sie ganz normal. Aber wenn man dann mal irgendwo gefetet und auch was getrunken hatte, dann packten sie einem plötzlich zwischen die Beine und meinten, man könne das noch durchziehen, was wir früher als ganz kleine Bengels im Kinderheim gemacht hatten. Manche weinten dann auch, weil sie mit der ganzen Scheiße nicht klarkamen. Einen konnte ich noch zurechtbiegen. Der hatte noch gar keine Erfahrung mit Mädels, und ich sagte zu ihm: »Dann mach dir doch mal ein Mädel an oder such dir mal 'ne Richtige.«

Er hat tatsächlich die Kurve gekriegt, aber erst sehr spät, mit Zwanzig oder Einundzwanzig. Als ich ihn mal wiedertraf, meinte er zu mir: »Du, ich habe jetzt mit einem Mädchen geschlafen, und da ist doch was ganz anderes in mir hochgekommen.«

Viele Jungs aus dem Heim hatten Angst, richtige Panik vor Frauen, weil das für sie ja totales Neuland war.

So mit vierzehn onanierte ich eigentlich jeden Tag. Dadurch litt sowohl meine körperliche als auch geistige Verfassung – ich lebte in einer Scheinwelt. Ich habe meinen Hauptschulabschluß nur mit Ach und Krach geschafft, obwohl mein Intelligenzquotient laut einem Psychologen eigentlich hoch genug war, um es zu mehr zu bringen. Ich hatte einfach keinen Bock, etwas zu lernen, und das ist bis heute so geblieben. Was das Onanieren betrifft, durchlebe ich auch heute noch ganz harte Phasen. Das heißt, daß ich mehrmals am Tag Entspannung brauche. Wenn jemand nett zu mir ist, kommen mir gleich die Gedanken an Sex. Nett, freundlich und lieb sein, das bringe ich gleich in Verbindung mit Sex.

Ich habe auch keine Lust, deswegen zum Psychiater zu gehen, weil die alle mit sich selbst Schwierigkeiten haben. Aber jeder, der nett ist und mir gefällt ... Wenn meine Frau und ich in eine Boutique einkaufen gehen und eine Verkäuferin besonders nett ist, wird meine Frau schon stinkig, weil sie irgend etwas spürt, vor allem merkt sie es natürlich, wenn ich richtig geistesabwesend herumstehe – fast wie in Trance – und mir alles mögliche ausmale.

Mit 14 mußte ich das Kinderheim verlassen. Ich war untragbar geworden, einmal, weil ich immer mehr zum Manne wurde und meine Sexualität mein Leben beherrschte, und zum anderen, weil ich zunehmend aggressiver gegenüber den Nonnen wurde. Zu Anfang zog man nur das Heim für Schwererziehbare in Betracht, aber unser Pädagoge setzte sich dafür ein, daß ich etwas früher in das Männerwohnheim umziehen und dort meinen Schulabschluß machen konnte.

Als ich im Männerwohnheim eintraf, war ich zunächst geschockt. Die ersten Tage konnte ich überhaupt nichts sagen, denn ich war plötzlich nur von älteren Männern umgeben – sie waren so zwischen achtundzwanzig und fünfunddreißig. Es war eine reine Männerwelt, und ich war eigentlich noch ein Kind. In dem Heim, einem Stiftungshaus, wohnten ungefähr achtzig Männer. Es gab dort Einzel-, Zweier- und Dreierzimmer. Die Einzelzimmer waren für die Alteingesessenen, die mit ihren vierzig Jahren eigentlich schon zu alt für das Männerwohnheim waren. Sie fanden sich aber draußen nicht zurecht. Im Grunde hatten die alle einen Knacks, denn wer bleibt schon freiwillig so lange in einem Männerwohnheim? Viele von ihnen hatten eine zerrüttete Kindheit hinter sich, hatten versucht, sich umzubringen oder kämpften mit Alkohol- bzw. Drogenproblemen. Zu diesen Männern gesellten sich Asylbewerber, Rumänen, Tschechen und Polen, die auch keine Unterkunft hatten. Das Wohnheim war also international.

Ich kam zu einem Dreißigjährigen auf ein Zimmer, der eigentlich auch sehr nett war. Er war Altrocker, fuhr ein dickes Motorrad und gehörte einer Rockerclique an. Er war gerade aus dem Knast gekommen und hatte keinen festen Halt. In solchen Fällen ist ein solches Männerwohnheim ideal, denn dort gab es auch Pädagogen, die sich um die Jungs kümmerten, wenn sie das wollten. Es wurden kleine

Treffen und Diskussionsrunden abgehalten, in denen man gemeinsam über Probleme sprach. Abends sang man aus der »Mundorgel«, spielte Gitarre und trank ein Bier dazu. Es wurde auch mal ein Haschpfeifchen geraucht, wobei das eigentlich verboten war, aber es wurde einfach gemacht. Die Pädagogen waren diesbezüglich recht locker. Man darf dabei nicht vergessen, daß das ja die siebziger Jahre waren, und da wurde viel Hasch geraucht. Im Wohnheim kam ich mit Hasch und dem ganzen anderen Zeug zum ersten Mal in Berührung – all das war für mich eine ganz neue Welt. Auf der einen Seite faszinierte mich dieses freiere Leben. Ich brauchte abends erst um zehn Uhr zu Hause sein, und das war für mein Alter schon ganz gut. Auf der anderen Seite hat es mich auch geängstigt, denn mir fehlte irgendwie der Schutz. Ich fühlte mich den anderen doch manchmal ein bißchen ausgeliefert, und mit vierzehn Jahren hat man noch kein großes Durchsetzungsvermögen. Ich war der Jüngste dort, und viele wollten auch eine Beschützerrolle übernehmen, aber das stellte sich im nachhinein als Ausnutzung heraus, als Mißbrauch.

Wir wurden dort mit Essen aus einer Küche versorgt, in der ein paar alte »Kochmiezen« arbeiteten. Sie waren alle älteren Semesters, denn in einem Männerwohnheim durften die Frauen nicht attraktiv sein.

Der Heimleiter war schon fünfundsechzig, meines Erachtens viel zu alt. Er hatte keine richtige Autorität und wollte zwar immer Dominanz zeigen, aber die Jungs nahmen ihn nicht für voll. Deswegen ging es im Lehrlingsheim teilweise drunter und drüber. Die Pädagogen versuchten, die Jungs mit Diskutieren, Teetrinken und Haschrauchen ruhig zu halten, aber im Grunde wurden sie nur verschaukelt und ausgenutzt.

Ich ging weiter in die alte Schule und machte dort meinen Abschluß. Danach begann ich eine Lehre als Handformer bei einer großen Firma.

Im Lehrlingsheim bekam ich auch Besuch von Mädels. Das war erlaubt, aber die alten Böcke waren immer geil und eifersüchtig und sagten: »Mensch, du hast ja Chancen! Du hast ja fast jede Woche 'ne andere!«

Mein Erfolg bei den Mädels frustrierte die Leute im Lehrlingsheim natürlich, so daß es auch zu Bedrohungen kam: »Ich schlage dir in die Schnauze, wenn du mir nicht auch ein Mädchen besorgst!«

Auch die Polen machten mich in ihrem gebrochenen Deutsch fertig. Ich habe mich also beknien lassen und gedacht: »Sei ein Mann und sauf mit denen, wenn sie dich einladen. Vielleicht lassen sie dich dann in Ruhe!«

Ich bekam immer mehr Probleme in dem Männerheim, weil ich zu attraktiv war. Ich strahlte noch dieses Natürliche, Jugendliche und Unbeschwerte aus.

Einmal wurde ich unter Alkohol gesetzt und dann folgte für mich ein Trauma. Ich weiß auch nicht, was die mir alles eingeflößt hatten, aber ich lag wie ein Häufchen Elend auf einem der drei Betten und konnte mich, obwohl ich es so sehr wollte, nicht mehr wehren. Es war alles wie ein Alptraum. Ich wurde über etliche Stunden hinweg vergewaltigt. Es waren drei Männer, wobei einer eher ein Mitläufer war und sich aus Angst ein bißchen zurückhielt. Die beiden anderen waren aber um so brutaler. Sie waren nicht schwul, sondern bekamen nur keine Frau. Mit meinen langen blonden Haaren wirkte ich früher sehr feminin, deshalb wollten sie mich haben. Sie nahmen mich anal und ich selber mußte einen von ihnen anal befriedigen. Ich hatte noch nicht einmal die Kraft zu schreien. Du hängst da, siehst, was sie mit dir machen und kannst nicht eingreifen. Mein Glied wurde auch steif, und da setzte sich einer von den Drecksäcken auf meinen Schwanz und steckte ihn sich in den Arsch, und als der Geschlechtsakt vollzogen war, hatte ich den ganzen Dreck aus seinem Arsch am Schwanz kleben.

Ich habe bestimmt ein Vierteljahr gebraucht, um mit der Sache klarzukommen. Mit den Jahren habe ich gelernt, mich durchzusetzen, aber damals konnte ich das noch nicht. Ich dachte einfach, das müßte so sein. Ich habe mich hinterher niemandem anvertraut, weil sie mir drohten. Was ich jetzt hier erzähle, wissen nur ganz wenige Menschen, weil ich mich auch dafür schäme. Ich habe Angst, die Leute werden mir nicht mal mehr die Hand geben wollen. Auch damals kam ich mir dreckig vor, obwohl ich später selbst strichen gegangen bin und mich als Strichjunge in den Arsch habe ficken lassen. Bis heute weiß ich nicht, was ich mir mit dieser Stricherei zwischendurch – ich habe es ja nicht oft gemacht – beweisen wollte. Vielleicht wollte ich wissen, ob ich vielleicht nicht doch schwul war, denn ich hatte ja bei der Vergewaltigung im Lehrlingsheim einen hochgekriegt. Aber diesen Ekel, die Rachegefühle bin ich nie losgeworden. Aber dazu später.

Im Lehrlingsheim ging es ziemlich brutal zu, und ich habe dort auch viel Prügel gekriegt. Das ist wie offener Strafvollzug: Du lebst drinnen und mußt dich den Gesetzen beugen. Ich habe zwar ab und zu an den Saufgelagen teilgenommen und mich mit dem Rocker, dem Exknacki, zusammengetan, denn ich dachte, daß mir durch seinen Schutz so etwas nicht noch einmal passieren würde. Damals bin ich dann mit dem Strom geschwommen: Ich habe gesoffen, Hasch geraucht und Trips geschmissen, um nicht zum Außenseiter zu werden. Mir ist das zwar alles nicht bekommen, und oft mußte ich mich tierisch übergeben, aber ich habe mitgezogen. Es gab im Heim zwei Gruppen, die miteinander auf Kriegsfuß standen, und ab und zu gab es auch Massenschlägereien, so daß die Polizei anrücken mußte. Das Männerwohnheim hatte keinen guten Ruf, weil alles ramponiert wurde und die Heimleitung durch die Männer verängstigt war. Die Stadt strich dann auch die Zuschüsse. Einmal gab es eine richtige Rebellion, so daß der Heimleiter flitzen ging und mit Polizeischutz zurückkam. Oft haben wir gegen die Zustände im Heim lautstark protestiert. Vor allem das Essen war miserabel, aber etwas anderes gab es ja nicht. Und mit den fünf Mark Taschengeld, die ich gegen Quittung jeden Freitag bekam, konnte ich natürlich auch keine großen Sprünge machen.

Dann kam die Sache mit der ersten Kundin. Bis dahin hatte ich keine feste Beziehung, weil ich viele Mädels kennenlernen wollte. Je mehr Mädels ich hatte, um so mehr Erfahrungen konnte ich sammeln, weil jedes Mädchen bekanntlich ein bißchen anders ist.

Erste Kunden

An einem Sommernachmittag war ich mal wieder unterwegs zu einer dieser Bekanntschaften. Zu der Zeit hatte ich noch schulterlange, schneeblonde Haare und stellte mehr den Softie-Typ dar. Mit meinen Kumpels habe ich zwar viel Sport getrieben, aber damals hatte ich noch nicht mit Bodybuilding angefangen. Ich ging also gerade zu Fuß eine Straße entlang, da hielt ein weißer Ford Cabrio neben mir. Darin saß eine Blondine, schon reiferen Jahrgangs. Die Blondine – ich stehe ja sowieso auf Blondinen – sprach mich an: »He du, was hast du heute denn so vor?«

Ich war ziemlich irritiert. Ich fragte mich, was die wohl von mir wollte.

»Ich bin gerade auf dem Weg zu einer Freundin«, antwortete ich.

»Kannst du das nicht vielleicht verschieben?« fragte sie. »Ich hab' heute viel Zeit, mein Mann ist auf Geschäftsreise. Ich hab' ein schönes Haus, einen Swimmingpool, und es ist so schönes Wetter – hast du nicht Lust? Darf ich dich einladen?«

Ich war völlig perplex. Schließlich hatte man uns im Heim immer eingeimpft: »Geht bloß nie mit Fremden mit. Die versprechen euch das Blaue vom Himmel und dann passiert etwas Gefährliches.« Aber was sollte mir bei dieser attraktiven Frau schon passieren? So eine direkte Anmache, noch dazu von einer Frau, einer richtigen Frau – wer kann da schon nein sagen? In meinem Kopf ging die Phantasie schon mit mir durch. Ich war richtig angeheizt. Nicht nur sexuell, sondern allein die Situation törnte mich voll an. Ich hatte insgeheim schon immer von einem solchen Erlebnis geträumt. Also stieg ich zu ihr ins Auto, und wir fuhren direkt zu ihr nach Hause.

Sie wohnte in einem eindrucksvollen Bungalow in einer Villengegend. Hinter einer Toreinfahrt lag ein großer Garten, der von hohen Hecken umgeben war. Sie führte mich in den Wohnraum. Ich saß da, mit ziemlich gemischten Gefühlen – und hatte einfach Angst. Sie trank ein Glas Champagner, ich eine Cola. Nach der forschen Art, wie sie mich angesprochen hatte, wirkte sie jetzt eher zurückhaltend, nicht wie die typische Anmacher-Frau: Anfang Vierzig, etwas mollig, große Brüste. Sie hieß Waltraud, trug ein buntes, geblümtes Kleid aus dünnem Stoff und Korksandalen, fast schon ein bißchen bieder. Ich merkte ihr an, daß auch sie nervös war. Die ganze Situation war irgendwie peinlich, aber ich war trotzdem geil.

Plötzlich stand sie auf: »Ich gucke mal eben, ob das Wasser im Swimmingpool nicht zu kalt ist.«

Damit verschwand sie im Garten. Kurz darauf kehrte sie zurück und sagte: »Das Wasser ist nicht gerade warm, aber das macht uns doch nichts aus, oder?«

»Mir nicht«, antwortete ich.

»Okay. Du kannst dich ja schon mal ausziehen«, sagte Waltraud.

»Aber ich habe gar keine Badehose dabei«, meinte ich scheu.

»Macht nichts, wir gehen einfach nackt schwimmen«, schlug Waltraud vor und verschwand in einem anderen Raum. Zögernd begann ich mich auszuziehen. Nur mit einem Morgenmantel bekleidet war sie Minuten später wieder da. Ich schämte mich und hechtete schnell mit einem Kopfsprung in den Swimmingpool. Dann kam sie nach. Im Wasser entspannte sich die ganze Situation etwas. Wir planschten und alberten im Pool herum, kamen uns dabei näher. Schließlich landeten wir bei ihr im Schlafzimmer. Wir fielen übereinander her wie die Tiere. Es war ein heftiger Fick. Wir haben geknutscht, Petting gemacht, auch Stellungswechsel. Sie hat mir einen geblasen, ich hab's ihr französisch besorgt. Sie krallte sich mit ihren Fingernägeln in meinen Po. Es war ein Gefühl zwischen Geilheit und Schmerz. Es war die reine Ekstase. Wir haben über Stunden gebumst und dabei kaum ein Wort gewechselt. Immer wieder hat sie mich provoziert, gelockt, mich erregt und dann kommen lassen.

»Gib mir alles.«

Sie war die Erfahrene, doch sie brachte mich dazu, den aktiven Part zu übernehmen. Sie gab mir das Gefühl, der Überlegene zu sein, obwohl sie ja eigentlich mich verführt hatte. Ich glaube, sie ist mehrfach gekommen, genau weiß ich das aber nicht. Ich bin dreimal gekommen.

»So eine Art von Sex habe ich noch nie erlebt«, sagte sie mir nachher. Mit ihrem Mann liefe es nicht so gut. Sie hat mich auch mit Komplimenten überschüttet, was mich sehr verunsicherte. Mit Komplimenten kann ich bis heute schlecht umgehen. Wir schliefen zusammen ein, eng umschlungen wie ein Pärchen. Gegen zehn Uhr nachts wachten wir auf. Wir waren beide total durcheinander.

»Du hast bestimmt Hunger«, sagte sie mütterlich. Sie kochte uns Spaghetti mit Tomatensoße. Ich bin über Nacht geblieben, denn ihr Mann war ja auf Geschäftsreise. Das brachte mir später eine Menge Ärger im Lehrlingsheim ein, denn schließlich war ich noch minderjährig.

Am nächsten Morgen sah die Welt dann nicht mehr so rosig aus. Waltraud war gereizt, denn sie hatte, glaube ich, ein schlechtes Gewissen.

»Du mußt jetzt langsam gehen«, raunzte sie mich an. Ich verließ Waltraud mit feuerroten, brennenden Pobacken. Wir trafen uns noch ein paarmal, verbrachten aber nur noch einmal die Nacht miteinander. Geld hat sie mir nie dafür gegeben, aber ich stand zu der Zeit total auf Levi's Jeans, und so sind wir zusammen in die Stadt gefahren, und sie hat mir einen Levi's Jeans-Anzug gekauft. Ich wäre damals nicht im Traum darauf gekommen, von ihr Geld anzunehmen. Sie hat mir auf sexuellem Gebiet unwahrscheinlich viel beigebracht. Sie war auch diejenige, die mir sagte: »Du hast das gewisse Etwas. Du bist ein absoluter Frauentyp, versuch das doch weiter auszubauen.«

Ich hätte sie gerne weiterhin getroffen, denn sie war Teil einer Welt, von der ich immer geträumt hatte: eine Welt von Luxus, Leidenschaft und Geborgenheit. Doch sie hielt mich auf Distanz. Sie spürte wohl, daß ich als junger Kerl zu sehr geklammert hätte. Für mich war sie das, was für Mädchen der Prinz auf dem weißen Pferd ist. Ich habe auch später immer noch Mädchen gesucht, die mich aus meiner Misere rausholen könnten, nach der Fee aus dem Märchen. Die gute Fee war dann meine spätere Frau. Waltraud meinte also, ich sollte nicht böse sein, daß wir uns nicht mehr sehen könnten. Sie habe aber einer Freundin von mir erzählt, die mich auch kennenlernen wollte. Es sollte auch nicht umsonst sein, es gäbe ein kleines Taschengeld, einen Fünfziger.

Zuerst dachte ich, daß es mit einer neuen Kundin wahnsinnig gut werden würde, aber es war ein ziemlich enttäuschendes Treffen, weil die Frau nicht meinem Schönheitsideal entsprach. Sie war rothaarig, und ich habe schon als kleiner Junge Probleme mit Rothaarigen gehabt. Ich hatte Angst vor ihnen. Sie war auch ganz anders als Waltraud. Sie war kalt, berechnend und grob. Da fing eigentlich das Geschäftliche an. Es wurde ein Entgelt gezahlt, dafür erwartete sie etwas.

Waltraud hatte mir ihre Rufnummer gegeben und die genaue Zeit, zu der ich sie anrufen sollte. Waltraud hatte es gut mit mir gemeint. Ich sollte es doch einfach mal ausprobieren, mich als Gesellschafter – den Ausdruck Callboy kannte man damals noch nicht – gegen Taschengeld zu betätigen. Die Rothaarige lebte in einer normalen Mietwohnung, empfing mich recht kühl in einem Morgenmantel und wußte gleich, was sie wollte. Sie war etwa in Waltrauds Alter, wobei man das als junger Bursche schlecht schätzen kann. Es war alles schon vorbereitet, und so lernte ich das Geschäft schon ein bißchen kennen. Die Frauen haben oft eine feste Vorstellung, wie es werden soll, und dann wird es meistens ein Flop. Sie steigern sich in etwas hinein und können sich von ihren Erwartungen oft nicht lösen. Das ist dann ein Problem, und man muß richtig ackern. Daß wir richtig schuften müssen, ist in unserem Job gar nicht so selten, denn viele Mädchen machen es einem nicht einfach. Sie – sozusagen meine erste richtige Kundin – war jedenfalls im Bett fordernd, faßte mich auch hart an, und bis heute bin ich nicht der Typ, der auf diese harten Sachen steht. Es kann zwar ruhig etwas heftiger sein, aber harte Berührungen oder Kneifen kannte ich bis dahin gar nicht. Das war neu für mich und ich dachte: »Das kann nicht sein, das ist keine Sexualität.«

Aber ich lernte von Mal zu Mal mehr dazu. Dazu gehörte auch, daß Sexualität nicht nur zärtlich ist, sondern daß es auch mal heftiger und brutaler zur Sache gehen kann und

daß die Temperamente der Frauen auch sehr unterschiedlich sind.

Ich war nur zwei oder drei Stunden bei ihr. Sie hatte sich mit Sekt schon ein wenig angedudelt, mir bot sie Wasser und Cola an, obwohl ich auch liebend gern etwas Alkohol getrunken hätte, da ich doch sehr aufgeregt war. Das passiert mir auch heute noch. Manche sagen zwar, ich sei Vollprofi, aber wenn man gefühlsmäßig Mensch bleibt, hat man auch Lampenfieber. Obwohl ich einen unheimlichen Frauenverschleiß habe, sind die Situationen immer wieder neu.

Mittlerweile hatten mich auch Kerle angebaggert und mir zu verstehen gegeben, daß ich toll aussähe. Dadurch fühlte ich mich animiert, in einschlägige Lokale zu gehen. Außerdem hatte ich immer Geldprobleme mit den paar Mark Taschengeld im Heim. Ich seifte zwar samstags an der Autowaschanlage Autos ein, aber das reichte nicht, denn ich wollte mir ab und zu auch was Gutes tun. Von außen, also Vater, Oma oder Tante, kamen keine finanziellen Zuschüsse. Ich war voll auf mich allein angewiesen und mußte sehen, wo ich blieb. Dann bin ich irgendwann auf den Gedanken gekommen, mal in der Altstadt herumzuscharwenzeln. In welche Lokale ich gehen mußte, das hatte ich von anderen, älteren Mitbewohnern gehört, die damit angaben, daß man so schnell Geld verdienen konnte, ohne daß dafür viel verlangt wurde. Ich bekam gleich die Tips, wo das Gesocks rumhing und wo man besser nicht hingehen sollte.

Beim ersten Mal fuhr ich aus purer Neugier in die Stadt, setzte mich in ein einschlägiges Lokal und ließ einfach alles auf mich zukommen. Ich war absolut unerfahren und wußte gar nicht, was dort wie ablief. Ich beobachtete, wie die Kontakte geknüpft wurden, sah den jungen Strichern zu, und als sie nach oben gingen, folgte ich ihnen. Auf der Toilette wurden die Verhandlungsgespräche geführt. Ich hörte gespannt zu, denn ich bin seit jeher ein Mensch, der alles kennenlernen möchte, bin sehr wißbegierig. Das war ein Nervenkitzel, und ich habe dabei auch einiges riskiert – so, wie später auch immer wieder. Das hätte auch anders ausgehen können, man hätte mich irgendwann in einem Plastiksack finden können. Ich habe niemandem gesagt, wohin ich ging, das wußte nie jemand.

Beim nächsten Mal habe ich Mut gefaßt und bin rein in den Laden. Zuerst war ich nervös, habe leicht gezittert und war froh, daß ich mich an meiner Zigarette festhalten konnte. Ich bin an die Theke gegangen und habe ein Bier bestellt. Die Bedienung war ein hundertprozentiger Schwuler – er war schon so heiß, daß die Biergläser fast warm wurden, aber nett. Dann kamen die Gratis-Runden, und das Gefühl, im Mittelpunkt zu stehen, war einfach wunderschön. Ich kannte das ja nicht, daß sich Leute für mich interessierten. Ich hatte immer Phasen – zum Beispiel wenn ich Probleme im Lehrlingsheim hatte, ob nun mit der Heimleitung, den Mitbewohnern oder in der Schule –, in denen ich manchmal tagelang nachts unterwegs war. Dann habe ich auch Captagon (Aufputschmittel) genommen, um wach zu bleiben, weil es nicht auffallen durfte, daß ich eine Nacht weg gewesen war.

In dem Lokal wurden jedenfalls so viele Runden gegeben, daß ich schon leicht angesäuselt war und die Bremse ziehen mußte, sonst wäre ich sturzbetrunken aus dem Lokal getorkelt. An der Theke sprach mich dann ein Brillenträger mit Vollbart an, ein richtiger Spießer mit Aktentasche unterm Arm. Vom Äußeren her wirkte er auf mich absolut unsympathisch, aber er war seriös und gepflegt, roch leicht nach

After-shave. Ich habe mir die Kerle immer auch nach dem Geruch ausgesucht. Manche stanken nach Schweiß, es stieg einem dieser kalte Dauergeruch in die Nase. Es gab auch welche, die ihre Hose schon bewichst hatten und auf den Klos rumhingen, so daß mich der Ekel überkam.

Dieser Spießer war jedenfalls ein Unternehmer, ungefähr Mitte Vierzig und auf der Durchreise, wie sie immer zu sagen pflegten. Er fragte mich, ob er mich zu einem Getränk einladen dürfte. Es war einer von diesen ganz scheuen Typen. Er fragte mich ganz behutsam, ob ich ein bißchen Zeit für ihn hätte und ob ich mich zu ihm setzen könnte. Dann bin ich zu ihm an den Tisch gegangen, habe ein Getränk bestellt, und man kam ins Gespräch. Er erzählte mir, daß er nicht schwul sei, aber er fühlte sich irgendwie zu jungen Männern hingezogen. Er sei verheiratet und habe auch Kinder. Das hat mich ein bißchen beruhigt, und ich habe gedacht, daß es gar nicht so schlimm werden könnte. Er sagte auch, daß er nicht viel verlange, nur ein bißchen Kuscheln: »Wenn du jetzt Lust hast, dann fahren wir in ein Hotel, es dauert auch nicht lange, halbe Stunde bis Stunde.«

Da er sehr freundlich war, bin ich also mit in sein Auto gestiegen und ins Hotel gefahren. Am Eingang des Stundenhotels stand eine ungepflegte Dame und verlangte fünfzig Mark für die Stunde. Er hat gleich bezahlt und ist mit mir nach oben auf das Zimmer gegangen. Die Einrichtung war spartanisch, so, als hätte man alles vom Sperrmüll geholt. Es war zwar alles dreckig, aber die Betten waren frisch bezogen. Darauf legten die Kunden immer Wert – als erstes deckten sie das Bett auf, um sicherzugehen, daß vorher nicht schon jemand dringelegen hatte.

Dann wurde es plötzlich ganz ruhig im Zimmer. Für mich war die Situation fremd, ein bißchen unheimlich. Mir schossen die wildesten Gedanken durch den Kopf: Ist es auch richtig, was du hier machst? Sollst du es machen oder nicht? Ich habe mit mir selbst gekämpft, aber dann hat der Schweinehund in mir gesiegt: Ich dachte an das Geld. Der Freier war auch ein bißchen verlegen, legte dann die Brille ab, guckte mir verliebt in die Augen, und ich dachte nur: Das kann ja lustig werden. Er wußte auch, daß es für mich das erste Mal war und fühlte sich megastark, wie der Hengst persönlich. Ich werde den Moment nie vergessen, wie er mich verliebt ansah, mit seinem Kopf immer näher kam und ich ihm erst einmal auswich. Ich ließ mich von ihm auf die Wange küssen. Der Bart piekste und stach, das war richtig unangenehm. Er ging dann ins Bad, um sich frisch zu machen und ich saß erst mal wieder ein paar Minuten allein auf dem Bett und fragte mich, ob diese Entscheidung richtig war oder nicht, ob ich nun schwul war oder nicht. Nachdem er aus dem Bad kam, ging ich hinein, und als ich aus der Dusche kam, lag er bis obenhin eingemummelt im Bett. Ich blieb etwas unentschlossen davor stehen. Er verdrehte die Augen und sagte: »Ach, bist du schön, komm jetzt endlich ins Bett, ich möchte dich anfassen, dich berühren.«

Nach langem Bitten und Betteln bin ich dann in die Kiste gesprungen. Ich nahm alles auf die leichte Schulter, denn für mich war das keine ernstzunehmende Situation, eher ein Spielchen. Geil war ich dabei nicht, obwohl mein Schwanz zu meinem Entsetzen hochkam, aber ich sagte mir, daß der Schwanz nur ein Schwellkörper war und sich durch die Berührung regte. Für den Kerl war das natürlich die größte Freude, da er ja wußte, daß ich nicht schwul war. Für ihn war das ein Erfolgserlebnis, weil er schon Typen gehabt hatte, die gar keinen hochkriegten. Er war total beglückt und fand es göttlich.

Er drückte sich an mich, küßte mich auf die Brust, merkte aber, daß mir das nicht so angenehm war. Dann folgten Küßchen auf die Wange. Ich langte dann schnell mit meiner Hand unter die Decke und faßte ihm an seine Nudel.

Später stellte ich fest, daß Schwule teilweise extrem kleine Schwänze haben. Von hundert Kerlen haben fünfundneunzig extrem kleine und verkümmerte Schwänze – jedenfalls in der Szene, in der ich mich bewegte. In der Lederszene bin ich nie gewesen, und ich möchte nicht wissen, was die alles mit mir angestellt hätten! Einmal geriet ich in die verkehrte Kneipe. Dort hingen nur diese Ledertypen rum und fraßen mich förmlich auf mit ihren gierigen Blicken. Ich wollte nur noch raus aus dem Laden, denn da brannte es richtig.

Jedenfalls hatte der Freier auch so einen kleinen Schwanz. Ich mußte ihn förmlich suchen, und dann wurde er auch nicht richtig steif. Das war natürlich ein Problem, weil ja nicht viel zum Wichsen da war. Ich habe ihm dann aber ganz schnell, so schnell es überhaupt ging, einen abgerubbelt, damit ich es hinter mich brachte. Als alles erledigt war, bin ich aus dem Bett gesprungen, habe mir die Kohle geben lassen, und weg war ich. Ich habe nicht auf ihn gewartet, weil ich plötzlich extreme Ekelgefühle kriegte.

Ich hatte nur den Wunsch, mich in mein Reich zurückzuziehen, das heißt in mein Zimmer im Lehrlingsheim, das ich zu der Zeit mit zwei anderen teilte.

Nach diesem ersten Date mit einem Freier hatte ich zunächst die Schnauze voll. Trotzdem zog es mich immer wieder in dieses Milieu. Wenn ich in die einschlägigen Lokale ging, richteten sich alle Augen auf mich, denn meist war der Laden nur halb voll und daher gut zu überblicken. Ich setzte mich hin oder ging an die Theke und zeigte mich, pries mich an. Wichtig war für mich bei den Freiern immer ein gepflegtes Äußeres. Es gab zwar auch diese Schmuddelfinken, denen alles egal war, Hauptsache, es war billig, aber in der Szene, mit der ich zu tun hatte, verkehrten eigentlich nur Geschäftsleute mittleren Alters. Mit Freiern ab einem bestimmten Alter ließ ich mich nicht mehr ein, denn ich fand sie unästhetisch. Generell bin ich nicht mit jedem mitgegangen, denn das Ganze kostete mich sowieso Überwindung.

Hatten alle genug Zeit gehabt, mich anzuschauen, dann ging ich zum Klo. Ich mußte auch gar nicht lange warten, da kam der erste und fragte, ob ich Zeit hätte. Es wurde ein Preis ausgemacht, und wir besprachen, wohin wir gingen. Ich kannte eigentlich gar keine einschlägigen Adressen, und mich interessierten die Hotels auch nicht – Hauptsache, sie waren sauber und gepflegt. Dann gingen wir wieder in den Schankraum, tranken erst noch etwas, damit es nicht so auffiel. Meistens beschrieben die Freier mir die Stelle, wo ihr Auto parkte, oder man machte einen anderen markanten Treffpunkt in der Nähe des Lokals aus. Dann verließen wir zeitversetzt – er zuerst, ich ein bißchen später – das Lokal, und ich stieg zu ihm ins Auto. Manche fuhren auch Taxi, damit man sie nicht anhand ihres Autokennzeichens entlarven konnte. Das Eigenartige und wahrscheinlich auch der Grund, warum ich mit ihnen mitgegangen bin, war: Viele hatten Frau und Kinder, waren aber bisexuell interessiert. Sie standen nur auf die ganz jungen Kerle zwischen vierzehn und achtzehn Jahren und waren nicht alle schwul.

Auf dem Zimmer wurden dann noch einmal die Einzelheiten besprochen, obwohl es eigentlich nicht viel zu besprechen gab, denn meistens war Handbetrieb gefragt. Für viele Männer war Kuscheln wichtig, was für mich ein schwieriges Thema war. Viele wollten die Brustwarzen stimuliert haben, aber ich hielt das für ziemlich blöd: Bei einer Frau ist das normal, aber bei einem Mann! Küssen gehörte auch dazu, und beim Zungenschlag habe ich den Kopf immer schnell weggedreht. Ich habe ihnen zügig einen runtergeholt, auch wenn sie immer »nein, nein, nein« brüllten. Wenn ein Mann einmal gespritzt hat, dann ist er auch befriedigt und hat auf nichts mehr Lust. Männer sind in der Beziehung einfacher gestrickt als Frauen: Fünf bis zehn Minuten dauert der Akt mit Waschen und Duschen. Manche waren jedoch sauer, weil es ihnen zu schnell ging. Ich habe auch schon mal die Flucht ergriffen: Ich habe mir die Kohle geben lassen, ihn unter die Dusche geschickt und bin dann abgehauen. Aber es gab natürlich auch Männer, die schon einmal eine schlechte Erfahrung gemacht hatten. Sie gaben mir das Geld erst nach der Leistung. Es gab auch welche, die schlossen die Tür von innen ab und steckten den Schlüssel in die Hosentasche. Dann bekam ich Panik, aber was sollte ich tun?

Die Männer waren sowohl von ihrer körperlichen Statur als auch von ihrem Charakter her sehr unterschiedlich. Der eine war stark fordernd, der andere mehr wie ein Teddybär, ohne Aggressionen. Manche haben sich auch selbst ausgebremst, weil sie merkten, daß ich hetero war. Sie selber waren auch nicht hundertprozentig schwul, aber sie brauchten einfach manchmal den sexuellen Kontakt mit Männern. Es reizte sie, mit Jungen ins Bett zu gehen. Meistens klappte es bei ihnen mit den Frauen nicht mehr. Genau wie Frauen um die Vierzig haben wohl auch Männer so eine Art Torschlußpanik. Ich habe über die Jahre als Callboy ja viele Frauen in diesem Alter kennengelernt. Sie haben oft das Gefühl, sie hätten einige Jahre verschlafen, und versuchen, innerhalb kürzester Zeit alles nachzuholen. So ähnlich, vermute ich, läuft das bei den Männern auch. Jeder Mann ist schwul – der eine mehr, der andere weniger.

Ich ging nicht täglich auf den Strich, sondern nur, wenn ich Geld brauchte. Das war ungefähr einmal in der Woche, meist am Wochenende. Freunde hatte ich zu dieser Zeit eigentlich nicht, denn ich war, wie schon in meiner Kindheit, ein Einzelgänger. Ich betrieb Kampfsport, weil es mich irgendwann ärgerte, mich immer bedroht zu fühlen. Ich begann mit Judo, machte danach mit Jiu-Jitsu weiter. Dieses Training sollte mich ruhig und stark werden lassen. Ich wollte die Angst bekämpfen, die mich immer dann blitzschnell ergriff, wenn einer auf mich zukam. Ich fing am ganzen Körper zu zittern an.

Unter den Männern gab es welche, die meinem Vaterideal sehr nahe kamen. Sie strahlten Warmherzigkeit aus, hörten sich meine Lebensgeschichte an, und ich merkte, daß ich für sie nicht einfach nur ein Sexobjekt darstellte. Das waren natürlich nicht viele. In wenigen Ausnahmen versuchten sie, den Kontakt zu mir zu verstärken, aber das war mir dann auch zuviel. Wenn man sich zufällig wiedertraf, freuten sie sich, aber es kam nie zu langfristig geplanten, regelmäßigen Verabredungen mit einem meiner Freier.

Warum ich auf den Strich gegangen bin, obwohl mich die Vergewaltigung im Männerwohnheim hätte abschrecken müssen, das weiß ich nicht. Ich bin schon im Kinderheim psychisch kaputtgemacht worden und kann mich heute noch nicht richtig wehren, lasse mich von vielen Menschen vergewaltigen. Ich war es von klein an gewöhnt, eine draufzukriegen, das mußte so sein. Ich habe wenig Selbstbewußtsein, bin eigentlich ziemlich schüchtern und zurückhaltend. Ich bin nicht wie eine Ratte, die, wenn man sie in die Ecke drängt, irgendwann angreift, sondern lasse alles über mich ergehen, und, was noch schlimmer ist: Im nachhinein empfinde ich die Mißhandlung noch nicht einmal als schlimm.

Das war zu der Zeit, als ich auf den Strich ging, besonders arg. Heute versuche ich, mein Rückgrat mit Hilfe meiner Frau zu stärken.

Ich bin mit Männern ins Bett gegangen, weil ich mit dieser Vergewaltigung nicht zurechtkam. Es waren jedoch immer Familienväter, und das war für mich etwas ganz anderes. Wenn ich es mit richtigen Schwulen zu tun bekam, wurde ich aggressiv, obwohl die, die mich vergewaltigt hatten, eigentlich gar nicht schwul waren. Ich habe bis heute nicht verstanden, was hinter diesem Verhalten steckt, aber ich kann jetzt damit umgehen. Ich habe heute viele schwule Freunde, mit denen ich nicht ins Bett gehe, und komme mit Homosexuellen eigentlich gut aus. Es gibt ja bei den Schwulen auch Unterschiede. Es gibt Schwulenpärchen, die stehen gar nicht auf das Arschficken, sondern machen es mittels Handmassage, auf französisch oder mit verschiedenen anderen Techniken. Beispielsweise kann man den Schwanz in die Armachsel klemmen, muß sich also nicht unbedingt anal befriedigen.

Nach der Vergewaltigung hatte ich auch Schuldkomplexe und machte mir Vorwürfe, daß ich den Vorfall selbst unbewußt provoziert hatte. Durch mein Einzelgängertum haben mich viele für arrogant gehalten, was jedoch gar nicht stimmte. Ich war ein ganz normaler Junge, bin aber viel reingelegt und verschaukelt worden. Natürlich waren diese Männerbekanntschaften nicht der richtige Weg, um aus der Misere herauszukommen, aber man kettet sich an jeden Strohhalm und glaubt alles, was einem die Freier so erzählen. Diese Naivität bringt schon das Alter mit sich, aber auch die Prägungsphase im Heim hat dazu beigetragen. Ich dachte immer: Jetzt kommt der Richtige, und so war es auch bei den Mädels. Ich träume diesen Traum teilweise heute noch und sehe meine Traumprinzessin auch in den Kundinnen, die mir noch geblieben sind.

Ich erzählte niemandem im Bekanntenkreis, daß ich als Stricher arbeitete. Keiner wußte, wie ich an das Geld kam. Ich hatte natürlich eine ganz gute Tarnung, weil man mich ab und zu an der Tankstelle Autos waschen sah. Aber ich war nicht der einzige: Ich traf immer mehr Jungs aus dem Kinderheim, die schwul geworden waren, in der Altstadt. Sie waren auf der Suche nach einem festen Partner. Sie erkannten mich zwar, aber deckten mich auch: »Ich habe dich nicht gesehen, und du mich nicht.« Im Lehrlingsheim durfte nämlich niemand von meinem Doppelleben wissen.

Es sind auch immer mehr Jüngere ins Männerwohnheim gezogen, und die gingen fast alle dem gleichen Job wie ich nach. Man hat sich dann in der Altstadt getroffen. Einmal wurde einer von uns richtig brutal vergewaltigt, aber da rotteten sich alle Strichjungs zusammen und zerlegten ein ganzes Schwulenlokal. Wir waren ungefähr zwölf bis fünfzehn Stricher, alle irgendwie frustriert, und es kam der ganze angestaute Haß hoch. In dem Lokal blieb kein Stein auf dem anderen, es war nur noch ein Trümmerhaufen. Der Vorfall stand am nächsten Tag sogar in der Zeitung. Ich war der einzige, den die Polizei nicht erwischte, denn ich konnte mich in einer der Altstadtgassen verstecken. Die anderen wurden zur Wache gebracht und sind dort unter die Bullen gefallen. Hinterher erzählten sie mir, was passiert war: rein in den Keller, Licht aus, dann wurden sie alle verdroschen.

Ich hatte während dieser Zeit auch Beziehungen zu Frauen, und Freundinnen hatte ich auch. Ich wechselte sie wie die Hemden. Es war wie ein Wettstreit nach dem Motto: Wer kriegt den Sven? Ich war immer ein gern gesehener Gast, wurde auf jede Party eingeladen. Manchmal kam ich mir wie ein Gebrauchsgegenstand vor. Sobald eine Bindung etwas fester wurde, haben die Mädels Schluß gemacht. Die Initiative ging immer von den Mädels aus, denn ich war sehr klettig und extrem eifersüchtig. Sie durften keinen anderen anschauen, sollten nur mir gehören. Für mich selber galten dieselben Regeln, abgesehen von den Kerlen, aber sie brachten mir ja die paar Mark, die ich brauchte, um den Mädchen ein kleines bißchen Luxus zu bieten. Ich wollte mit ihnen ins Kino oder Eis essen gehen, wollte mich vernünftig anziehen und mich zeigen können. Ich hatte zwar auch Kundinnen, denn ich bin immer ein bißchen weitergereicht worden, aber wichtig war das zu der damaligen Zeit für mich eigentlich nicht.

Einmal war ich wieder fast zwei Nächte unterwegs, hatte mir bei einer Toilettenfrau Captagon besorgt, weil ich von meinem Vater wußte, daß er das bei seinen nächtelangen Streifzügen auch immer genommen hatte, und das hatte mir irgendwie imponiert. Ich habe einen Mann kennengelernt, auf den ich richtig reingefallen bin. Wir begegneten uns in einem normalen Lokal in der Altstadt. Er war älter als ich, so Mitte Dreißig, und ein derb-harter Typ. Sein Körper war durchtrainiert, und er erzählte mir, er sei Kampfsportler mit dem sechsten Dan in Karate. Er sah zwar nicht brutal aus, aber ich hatte trotzdem sowohl Angst als auch Respekt vor ihm. Je länger wir uns unterhielten und je mehr Alkohol er trank, desto zudringlicher wurde er. Er legte den Arm um mich und sagte, daß er mich gut leiden könne und daß ich ein geiler Typ wäre und bestimmt einen geilen Schwanz in der Hose hätte. Ich hatte Angst vor ihm und wollte abhauen. Ich sagte ihm, ich müßte mal zur Toilette, und wollte dann durch einen Hinterausgang aus der Kneipe verschwinden. Aber irgendwie hatte er Lunte gerochen und kam mir hinterher. Dieses Nachlaufspiel wiederholte sich in mehreren Kneipen: da rein und dort wieder raus. Das machte ihn schon leicht aggressiv und auch geil; für mich war es dagegen ein Nervenkitzel. Er öffnete sich mir gegenüber immer mehr, versuchte mir näherzukommen, indem er mein Vertrauen weckte und einen auf Kumpel machte.

Es wurde allmählich ruhiger in der Altstadt. Die Kneipen machten eine nach der anderen dicht, und es waren nicht mehr viele Leute unterwegs. Er sah eigentlich gar nicht brutal aus, hatte einen ganz normalen Kopf, und da bin ich mit ihm zusammen zu Fuß in ein Stundenhotel. Ich hatte eine gute Taxe ausgemacht, 200 Mark – was in der damaligen Zeit sehr viel Geld war –, und dachte: »Den kriegst du auch klar, flunkerst ihm einfach etwas vor.«

Er hatte aber sämtliche Utensilien dabei: Gleitcreme, Vaseline, was es eben zu der damaligen Zeit gab. Ich war schon ziemlich angetrunken, und es war spät in der Nacht. Normalerweise habe ich nur tagsüber bis in den frühen Abend hinein angeschafft, weil nachts immer die härteren Typen rumliefen. Ich habe ihm also das Blaue vom Himmel gelogen, aber als wir oben auf dem Zimmer waren, wurde sein Ton schärfer: »Paß mal auf, wenn du glaubst, du könntest mich hier verscheißern, dann bist du aber schief gewickelt.«

Ich habe ihn dann beruhigt und gedacht: »Das kriegst du schon irgendwie bewerkstelligt.« Der Typ wusch sich nicht, aber ich machte meinen ganz normalen Gang. Als ich aus der Dusche kam, stand er da schon mit einem Riesenständer. Ich dachte nur: »Verdammter Mist! Und dann auch noch anal!« Er fesselte mit Tüchern meine Arme, und ich lag auf dem Bauch wie eine Ente. Die Beine wollte ich mir aber nicht fesseln lassen. Er fing dann gleich an und versuchte, mir das Arschloch aufzureißen, alles ohne Präservativ. Er dokterte bestimmt eine Stunde lang an meinem Po herum, hat mir die Vaseline reingeklatscht: »Komm! Nun laß dich endlich ficken!«

Ich geriet in Panik, weil er immer härter wurde. Irgendwann jedoch klickte es bei mir im Kopf, und ich dachte: »Komm, lös dich!« Ich habe mich dann nehmen lassen. Das tat natürlich weh und brannte ganz schrecklich. Trotz des Alkohols hatte ich Schmerzen. Er ging nicht gerade behutsam vor, sondern stieß zu wie ein Geisteskranker. Da war überhaupt kein Gefühl mehr im Spiel, sondern es war reine Brutalität. Er dachte wohl, er entjungferte mich, und hatte seine helle Freude daran. Danach war es für mich ganz aus. Als die Nummer gelaufen war, lag ich benommen auf dem Bett, wobei auch das Captagon und der Alkohol ihre Wirkung zeigten. Er band mich erst los, als ich anfing zu heulen, gab mir dann meine Kohle und haute ab. Ich lag bestimmt noch ein bis zwei Stunden in dem Zimmer. Dieses Erlebnis hat mich wachgerüttelt: Vorsicht! Es gibt auch andere Kerle!

Es gab in der Altstadt auch Zuhälter für Jungs. Einmal bin ich unversehens in das Stammlokal eines solchen Zuhälters geraten. Der Zuhälter war mir schon früher aufgefallen, weil er immer hinter mir hergeguckt hatte, wenn ich durch die Altstadt lief. Er war sehr auffällig: groß und von oben bis unten tätowiert – wie ein Knasti, der seine schwule Ader im Knast entdeckt hatte und schwul geblieben war. Er war ein ziemlich dominanter Typ, der keine Hemmungen hatte, seine Tattoos zu zeigen. Ich dachte: Der schon wieder? Was macht der hier? Er baute sich vor mir auf und sagte: »Komm mal mit, ich habe was mit dir zu besprechen.«

Die Kneipe war offensichtlich ganz in seiner Hand und der Kneipier geschmiert – eine richtige Mafia. Und die Freier wußten: Hier kannst du junge Fetzen kriegen, die alles machen. Während ich dem Zuhälter folgte, schwirrten drei bis vier Strichjungen in der Kneipe herum. Wie viele Jungs genau für ihn arbeiteten, konnte ich nicht feststellen, weil die Stricher ihrer Tätigkeit zu unterschiedlichen Zeiten nachgingen. Es waren Jungs aus zerrütteten Elternhäusern, die auf der Straße lebten. Dort hatte der Zuhälter sie aufgegabelt und ihnen weisgemacht, daß sie es gut bei ihm hätten. Sie wohnten alle bei ihm, und er ritt sie auch selber ein, bevor er sie auf den Strich schickte. Und das hatte er mit mir auch vor.

Als wir in einer hintersten Ecke angekommen waren, sagte der Zuhälter zu mir: »Paß mal auf! Die Szene ist hart hier. Entweder du wirst platt gemacht, oder du arbeitest für mich.«

Ich gab ihm daraufhin zu verstehen, daß ich für niemanden arbeiten wollte. Er wurde richtig aggressiv, aber ich ließ mich nicht unter Druck setzen, sondern rief: »Du kannst mich mal!«

Ich hatte großes Glück, daß ich lebendig aus dem Laden rauskam.

Danach wurde es mit der Stricherei immer weniger, ich tat es vielleicht einmal im Monat. Die Sache schlief langsam ein, weil ich mich mehr auf Frauen einpendelte. Da war für mich auch mehr zu holen. Auf Dauer hält man die Anschafferei mit Männern vom Kopf her nicht aus, kann es nur mit Hilfe von Alkohol ertragen, und dafür war ich mir zu schade. Frauen sind nicht so brutal, gerade wenn man noch jung ist. Wenn man älter wird, können jedoch auch sie brutal werden. Früher war die Frau mehr, wie der Mann sie gern wollte: ein scheues Wesen, ängstlich, zurückhaltend und reserviert. Heute sind Frauen viel dominanter und wissen genau, was sie wollen.

Mein Einstieg als Callboy

Während meiner Lehre in der Gießerei lernte ich einen Arbeitskollegen, Günter, kennen. Wir hatten sofort die gleiche Wellenlänge, und er konnte mich gut leiden. Er bewunderte meinen Erfolg bei den Frauen und erzählte mir, daß er nebenher als Dressman – so bezeichnete man damals die Callboy-Tätigkeit – arbeitete. Er war groß und der Typ Mann, der Frauen irgendwie ansprach. Er konnte sehr gut reden, war aber kein Draufgänger-Typ, sondern eher verschlossen. Er trug dunkelblondes, mittellanges Haar und war um die Dreißig. Er bewohnte ein Apartment, das gleichzeitig auch als Absteige diente.

Er zeigte mir seine Annonce, die er regelmäßig in der Tageszeitung aufgab. Er erzählte mir immer mehr von seiner Arbeit als Dressman und ließ durchblicken, daß er Stammkundinnen hätte, die auch mal jemand anderen kennenlernen wollten.

»Du bist zwar noch sehr jung, aber ich kann ja mal mit den Frauen reden, ob sie Bock auf einen so jungen Kerl haben.« Günter wollte von mir wissen, wie ich am besten zu erreichen sei. Aber da ich im Lehrlingsheim wohnte, war das zu kompliziert, und wir vereinbarten, daß ich in der Mittagspause zu ihm kommen sollte.

Ich war natürlich sehr interessiert und wollte sofort ein Date haben, aber er ließ es langsam angehen. Schließlich kam der Tag X. Mein erstes Date sollte in seiner Wohnung stattfinden. Ich war natürlich unheimlich aufgeregt, weil ich außer den zwei Frauen, mit denen ich geschlafen hatte, nicht viel vorzuweisen hatte. Ich fragte mich auch, ob ich »ihn« überhaupt hochkriegen würde. Was würde passieren, wenn ich versagte, und wie würde ich dann vor Günter dastehen? Ich wollte ihm ja auch nicht das Geschäft verderben. Er gab mir den Tip, mich abwechselnd heiß und kalt zu duschen, weil das gut für die Durchblutung sei.

»Wie soll ich die Geschichte überhaupt anfangen?« wollte ich wissen, denn ich hatte ja keine Ahnung, was mich erwartete.

»Laß dich doch einfach überraschen«, sagte er. »Die Frau wird schon wissen, was zu tun ist.«

Das einzige, was ich ihm über die Kundin entlocken konnte, war, daß sie etwas korpulent sei. Ich fuhr dann erst einmal ins Lehrlingsheim, zog mir andere Klamotten an und motzte mich auf. Günter wartete schon vor seiner Wohnung, gab mir den Schlüssel und versuchte, mich zu beruhigen.

»Sie ist ganz lieb. Keine Sorge, es wird schon klappen.«

Ich ging dann nach oben und hatte natürlich extremes Herzrasen, was sich übrigens auch heute noch bei jedem neuen Date einstellt. Sie kam nicht ganz pünktlich, und ich dachte, sie hätte mich versetzt. Ich bekam Schweißausbrüche, mußte ständig vor Nervosität aufs Klo. Als es schließlich klingelte, ging ich ins Treppenhaus – die Wohnung war in der ersten Etage –, um schon mal einen Eindruck von ihr zu erhaschen. Sie kam die Treppe herauf und lächelte mich freundlich an, fraß mich gleich mit ihren Blicken auf. Sie gefiel mir wahnsinnig gut und hat mir gleich imponiert. Wenn ein Mädel interessant und nett ist, dann schaut man auch über ein paar Pfunde hinweg. Wer nett und lieb zu mir ist, zu dem suche ich gleich Kontakt. Deshalb konnte ich es gar nicht erwarten, bis sie aus den Klamotten kam. Während wir uns unterhielten, rauchte ich eine Zigarette nach der anderen. Sie meinte dann: »Nun sei doch nicht so nervös, ganz ruhig, ich tue dir doch nichts. Hast du Angst, daß ich dich auffresse? Verunsichert dich meine Statur?«

»Nein, ich habe keine Angst vor dir, du scheinst doch ein nettes Mädel zu sein«, antwortete ich. Den Spruch fand sie schon einmal gut. Sie merkte, daß ich ganz natürlich war, nicht gekünstelt. Ich war einfach ich, mit meinen Ängsten, meiner Neugier und auch meinen gierigen Augen. Sie war sehr redegewandt, und ich bin auch nicht auf den Mund gefallen, und wir hätten uns stundenlang unterhalten können. Ich ging dann ins Bad, weil ich dachte: »Jetzt mußt du doch mal einen Anfang machen!«

Ich dachte, es sei besser, wenn die Initiative von mir ausging. Viele Frauen haben es doch gern, wenn sie erobert werden. Ich überlegte mir, wie ich am besten aus dem Bad herauskommen sollte, nur im Adamskostüm oder ... Ich schlang mir dann ein Handtuch um die Hüfte und bin so auf sie zugegangen. Ich war inzwischen schon so geil, daß es unter dem Handtuch zu sehen war. Das machte mich verlegen, und ich versuchte, meine Erektion zu verstecken. Ich setzte mich hin und legte die Arme davor. Sie warf irritierte Blicke auf mein Gerät und sah wieder weg. Letztendlich wußte sie auch nicht, wie sie sich verhalten sollte. Ich fing daher an, sie im Nacken zu kraulen und zu massieren, und sie genoß diese kleine Entspannungsmassage. Ich glitt dann langsam tiefer zu ihrer extremen Oberweite. Ich knetete ihre Brüste erst einmal so richtig durch und drückte mich mit meinem Johannes an sie. Ich fand das alles megastark und dachte: »Dafür kriegst du auch noch Geld!« Dann fing ich langsam an, sie auszuziehen. Ich merkte, daß sie darauf stand. Sie genoß es in vollen Zügen, aber auch ich kam voll auf meine Kosten. Bei dieser Frau war das alles ganz einfach: Sie war sehr sensibel, auch auf Berührungen am ganzen Körper. Es ging nicht nur um Schwanz-Sex, sondern ihr lief schon ein Schauer über den Rücken, wenn ich sie im Brustbereich berührte. Ich war schon von jeher überzeugt davon – und da habe ich mir auch nie etwas sagen lassen –, daß die Frau im Mittelpunkt stehen muß. Bevor die Frau nicht genug bekommen hat, werde ich nie in Aktion treten. Viele Frauen – auch diese Kundin von Günter – wollten bei mir unten anfassen, aber ich habe ihre Hand ganz dezent zur Seite geschoben, denn sie sollten sich erst einmal ganz auf sich selbst konzentrieren. Ich konnte das nicht in Worte fassen, sondern habe ihnen das mit Gesten zu verstehen gegeben. Meine Kundinnen sollen sich fallen- und gehenlassen, denn diese Frauen sind immer zu kurz gekommen und müssen deshalb jetzt viel kriegen. Das ist meine Einstellung, und darauf stelle ich auch meine Sexualität ein.

Mein Alter war ein Problem für sie, und ich sah damals noch jünger aus, als ich in Wirklichkeit war. Sie hatte großes Lampenfieber und sagte: »Du bist so hübsch, siehst so schön aus, du bist viel zu schade dafür.«

Diesen Satz habe ich später oft gehört. Ich beruhigte sie – nicht mit Worten, sondern mit Berührungen. Ich bin weiter meinen Weg gegangen, bin immer zärtlicher geworden. Ich habe sie wie eine kleine Spinne eingesponnen, so daß sie gar nicht mehr zurück konnte. Ich hatte ihr zu Anfang erzählt, daß ich ohne Mutter aufgewachsen bin, vielleicht hat sie sich als Muttersatz gesehen, aber letztendlich weiß ich nicht, was in ihrem Kopf vorging. Auf jeden Fall habe ich mich von ihren Sprüchen nicht beirren lassen, denn wenn ich einmal dran bin, ist das wie eine Sucht, und keiner bringt mich von meinem Weg ab. Wenn eine Frau absolut nicht will, bremse ich natürlich, aber das war ja bei dieser Kundin nicht der Fall – sie hat es in vollen Zügen genossen. Wir schliefen dann miteinander. Sie hatte Präservative dabei – ich wäre damals gar nicht auf die Idee gekommen, welche mitzunehmen.

Das ganze Date dauerte ungefähr drei Stunden, und Günter war schon ein bißchen sauer, weil nur eineinhalb Stunden abgemacht worden waren. Aber ich habe eine extrem lange Aufwärmphase, die mir sehr wichtig ist, und da kann man nicht mit einer Stoppuhr daneben stehen.

Ich bin mir sicher, daß sie einen Orgasmus hatte. Heute weiß ich das viel besser und würde auch nie eine Frau fragen, ob sie gekommen ist, denn das finde ich taktlos. Wenn man sensibel und feinfühlig ist, spürt man das. Leider sind die meisten Männer einfach nicht feinfühlig genug.

Sie hatte nicht nur einen Orgasmus, sondern mehrere. Sie sagte dann auch, daß es so wunderbar und toll mit mir gewesen sei. Ich gab ihr nie das Gefühl, daß die Sache käuflich ist. Es ging so kameradschaftlich zu, als kennten wir uns schon wer weiß wie lange. Das ist meistens so bei mir: Ich unterhalte mich mit den Kundinnen über Gott und die Welt, als wären wir schon lange Freunde.

Wenn diese Verabredung schiefgegangen wäre, hätte ich sicher trotzdem nicht aufgegeben. Ich hätte die Schuld nicht nur bei mir gesucht, denn letztendlich gehören zu diesem Geschäft immer zwei.

Günter war hellauf begeistert: »Das hast du toll gemacht, ich wußte ja, daß ich mich auf dich verlassen kann.«

Ich sah das nicht als Hochleistungssport an. Es war eine Selbstverständlichkeit, es war schön, es war geil, und alles weitere interessierte mich nicht. Viele Menschen machen den Fehler, sich die Ziele zu hoch zu stecken, anstatt die Dinge einfach auf sich zukommen zu lassen. Mein Ziel ist es, erst einmal die Frau zum Orgasmus zu bringen. Mir ist es bei manchen Dates passiert, daß ich keinen Orgasmus bekam. Dann sagte ich: »Es tut mir leid, aber ich hatte einen solchen Streß in den vergangenen Tagen, daß es jetzt einfach nicht klappt.« Für mich war in einem solchen Fall das wichtigste, daß die Frau nicht den Eindruck bekam, es sei ihre Schuld. Ich habe auch gelernt, einen Orgasmus zu haben, ohne abzuspritzen. Ich kann einer Frau jederzeit einen Orgasmus vortäuschen und alles soweit steuern, daß ich nur einen kleinen Samenerguß habe und den Rest einfach drinlasse. Es geht alles! Übung macht den Meister. Aber so gut war ich erst mit Ende Zwanzig. Ich habe zwar schon in frühester Jugend, wenn ich an meinem Johannes gespielt habe, meinen Körper soweit beherrscht, daß ich mir gesagt habe: »Jetzt darfst du noch nicht kommen, weil das Mädel noch nicht soweit ist.« Das heißt, ich habe mit meinen Gedanken gespielt und so getan, als sei ich mit einer Frau zusammen. Heute jedoch verfüge ich über eine absolute Körperbeherrschung, und das fehlt den meisten Männern.

Viele Männer haben Probleme mit der Sexualität, und deshalb habe ich mir schon mal überlegt, den Männern Hilfestellung zu geben. So viele Frauen schreiben Bücher, so viele Frauen sind Sextherapeuten, und so, wie eine Frau besonders gut über die Sexualität der Frauen Bescheid weiß, so weiß ein Mann auch mehr über die Probleme der Männer. Wenn man sich so lange mit Frauen beschäftigt hat wie ich, dann kennt man sich jedoch auch als Mann ganz gut aus.

Deshalb ärgere ich mich immer wieder über das, was sogenannte Sexexpertinnen so von sich geben.

Ich würde den Männern liebend gern helfen, denn Dinge wie Körperbeherrschung kann man lernen. Eine spezielle Atemtechnik ist dabei die Grundlage: Männer sollten kräftig durchatmen beim Sex. Sie hören nämlich meistens auf zu atmen, wenn der Orgasmus kommt, anstatt mit der Atmung zu arbeiten. Man kann mit der Atmung einen Orgasmus steuern – das habe ich auch gelernt. Ich habe immer experimentiert und dadurch viel erfahren. Wenn man schön ein- und ausatmet, seinen Gefühlen freien Lauf läßt und sich nicht vergewaltigt, sondern sich öffnet, dann klappt es viel besser. Die meisten Männer verkrampfen sich, wenn es zum Orgasmus kommt und sie es noch nicht wollen. Sie spritzen dann nur, weil sie sich mit dem Thema noch nie befaßt haben. Früher hat man mir erzählt, ich solle mir dann in die Arschbacken kneifen oder an etwas ganz Schreckliches denken, zum Beispiel das Schlachten eines Schweins. Wenn ich mit einer Frau schlafe und daran denke, wie sie ein Schwein schlachtet, was habe ich dann noch von dem Geschlechtsakt? Die Erziehung spielt natürlich auch eine große Rolle. Es gibt zum Beispiel viele Egoisten, die auch im Bett egoistisch sind. Ich hatte früher Arbeitskollegen, die erzählten, sie bräuchten nicht zu ficken. Sie hätten ein Mädel, dem würden sie jeden Tag in den Mund spritzen. Das Mädel hatte gar nichts davon, aber die Männer waren auch noch stolz darauf.

Ein Vorspiel dauert bei mir mindestens eine halbe Stunde. Anstatt wie Tiere gleich übereinander herzufallen, sollte man es langsam angehen lassen, erst einmal den Partner streicheln. Es gibt natürlich auch das Quickie. Das habe ich ebenfalls erlebt: Ich komme aus dem Bad, und die Kundin steht schon ausgezogen vor mir, so nach dem Motto: »Gib ihm!« Geschieht so etwas, dann ist die Frau auf einem bestimmten Level und braucht überhaupt nicht vorbereitet zu werden. Sie will gar nicht erst berührt werden.

Es gibt auch bei den Frauen die unterschiedlichsten Charaktere, unter anderem die sogenannten Schnellspritzerinnen. Die verdrehen dann nach drei, vier Minuten die Augen und sagen: »Ich kann nicht mehr!« Und dabei werde ich da gerade erst warm.

Ich habe eine Kundin, die sagt immer: »Ich möchte mal einen richtig tollen Orgasmus mit dir erleben.« Doch wenn es soweit ist, dann könnte man denken, sie stirbt. Einmal bin ich aus dem Bett hochgesprungen, habe meine Klamotten gepackt und bin abgehauen. Vorher habe ich ihr noch gesagt: »Willst du mich verarschen? Wir machen so viel, und du bist kurz vor deinem Orgasmus, aber dann blockst du immer ab, gehst mir förmlich laufen.« Das ist immer ein Spielchen. Sie stöhnt: »nein, nein, nein«, und ich antworte: »ja, ja, ja«. Ich habe zwar viel Kraft, aber sie haut mir im Bett ab, wandert auf den Laken herum wie ein Tausendfüßler, und das ist für mich richtige Arbeit. Sie hat mir jetzt gebeichtet, daß sie auch ihren Orgasmus bekommt, aber sie ist dann so aufgeputscht, daß sie den Mega-Orgasmus ersehnt. Doch nach zehn Minuten Verkehr ist sie so fertig, daß sie aufhören will. Dabei ist es dann gerade schön.

Günter hat sich nach dem Date bei der Kundin über meine »Leistung« erkundigt und meinte daraufhin, wir könnten ins Geschäft kommen. Das war der Einstieg. Danach veranstaltete Günter in seinem Apartment öfter kleine Partys. Er lud eine Kundin ein und sagte ihr, sie solle noch eine Freundin mitbringen. Es wurde ein bißchen getrunken, um die Hemmungen abzubauen, und hinterher entwickelte sich mehr daraus. Hatte ich die Sache bis zu diesem Zeitpunkt mehr als eine Art Spielerei angesehen, so wurde es für mich jetzt professionell. Das waren keine Dates, von denen man wußte, sie würden ein bis zwei Stunden dauern, sondern die Frauen bezahlten ein Fixum, und dann war das Ende offen. Die Treffen begannen immer am Nachmittag, weil ich damals noch in der Lehre war und bis halb vier Uhr arbeiten mußte. Günter fuhr Schicht von sechs Uhr morgens bis vierzehn Uhr und hatte deshalb Zeit, alles vorzubereiten. Ich brachte nach der Arbeit nur meine Tasche ins Lehrlingsheim und ging dann zu Günter.

Ich war natürlich immer sehr aufgeregt. Als ich bei Günter ankam, saßen die Mädels schon voller Erwartung herum. Zuerst traute ich mich gar nicht, den Raum zu betreten, und mir mit Hilfe von Alkohol Mut anzutrinken, war nicht meine Art. Ich wollte einen klaren Kopf behalten, war schon damals gegen Alkohol eingestellt und legte großen Wert auf meine Gesundheit. Ich blieb also schüchtern im Flur stehen, schlich möglichst unauffällig in den Raum hinein. Mit einer solchen Situation hatte ich keinerlei Erfahrung: zwei Frauen und zwei Kerle in einem Raum. Ich hatte richtige Prüfungsangst, weil Günter nun dabei war und genau kontrollieren konnte, was ich leistete.

Eine der Frauen meinte dann gleich: »Ach, ist der lieb, ist der lecker. So unverdorben.« Da bekam ich sofort einen roten Kopf, hatte aber damit bei den Damen gleich gewonnen, weil sie merkten, daß ich nicht abgebrüht war. Ich mußte zwischen den Damen Platz nehmen und saß da wie der Hahn im Korb. Günter schaute manchmal leicht eifersüchtig zu mir herüber, genoß es aber auf der anderen Seite, daß ich bei den Frauen gut ankam. Die beiden Frauen waren ungefähr Mitte Dreißig, verheiratet und sahen ganz durchschnittlich aus: nicht hübsch, nicht häßlich. Sie waren weder durchgestylt noch sportlich, sondern mit weiblichen Rundungen ausgestattet – so, wie viele Frauen in den siebziger Jahren aussahen. Die beiden waren nicht unbedingt mein Typ. Wenn ich ihnen in einer Kneipe begegnet wäre, hätte ich sie nicht angesprochen. Aber bei mir spielt nicht nur die Optik eine Rolle, sondern für mich ist das Zwischenmenschliche wichtig: Ist mir die Frau gut gesonnen? Werde ich mit ihr klarkommen? Ich habe gerne lustige Menschen um mich herum, aber sie dürfen auch schüchtern sein. Nur bei sehr dominanten Menschen bin ich zurückhaltend.

Diese Mädels waren ganz normal und natürlich. Obwohl ich der Benjamin war – Günter war ja ungefähr so alt wie sie –, wurde ich nicht wie ein grüner Bengel behandelt, sondern für voll genommen. Das war für mich sehr wichtig. Die Stimmung entspannte sich, und wir alberten sogar herum. Wir kitzelten uns gegenseitig in der Taille, knabberten uns am Ohrläppchen, trieben also neckische Spielchen. Ich dachte: »Was kommt da jetzt noch? Das kann ja der Wahnsinn werden, wenn die Mädels jetzt schon so gut drauf sind!« Wir haben uns bestimmt ein bis zwei Stunden amüsiert. Man unterhielt sich über ganz normale Themen, machte zwischendurch ein paar Witzchen, aber es geschah nichts Erotisches.

Irgendwann winkte mich Günter zu sich: »Laß uns nicht mehr zu lange warten. Am besten, du gehst schon mal ins Bad und machst dich frisch.« Ich sprang unter die Dusche. Als ich, mit T-Shirt und Unterhose bekleidet, wieder zurückkam, hatte Günter in der Zwischenzeit sein Sofa zum Klappbett ausgezogen. Dann verzog sich Günter mit seiner Kundin ins Bad. Was sie dort gemacht haben, weiß ich nicht. Er hat mich erst einmal allein gelassen, weil ich ihm durch die Blume zu verstehen gegeben hatte, daß es für mich unwahrscheinlich schwierig sei, wenn andere zuschauten. Sobald die Flamme richtig loderte, könne er ja wieder reinkommen. Als wir dann allein waren, legte sich die Kundin aufs Bett. Ich zog sie ganz sanft aus, wobei sie bei jedem Bekleidungsstück, das zu Boden fiel, ein wenig unruhiger wurde. Das machte mich wahnsinnig an. Ich bekam ihren BH erst nach einigen Versuchen auf – die Verschlüsse ließen mich oft verzweifeln – und machte mich ganz schnell an diese großen Milchmädchen ran. Als sie ausgezogen war, hatte ich immer noch mein T-Shirt und meine Hose an. Sie streifte mir daraufhin meinen Slip sanft herunter, und dann brauchte ich eigentlich nicht mehr viel zu tun, denn sie hat mich mehr oder weniger vernascht. Sie schmiß mich auf den Rücken, küßte mich vorne ab und murmelte immer, ich sei so ein Süßer, so unverdorben und schön. Ich wurde mit Komplimenten überschüttet. In diesem Moment bekam ich das Temperament einer Frau zu spüren – sie hatte wirklich Feuer: So schnell, wie sie das T-Shirt vom Körper riß und an mir herumfummelte, konnte ich gar nicht reagieren. Vorspiel und Petting gab es bei ihr nicht. Es ging alles so wahnsinnig schnell, schneller als ich normalerweise konnte und wollte. Sie holzte so auf mir herum, daß ich schneller kam, als mir lieb war. Nach dem Spritzen war ich erst einmal auf voller Linie frustriert. Das hat sie mir auch angesehen, aber sie fand die Nummer supergut. Danach war eigentlich nur noch Kuscheln angesagt. Während Günter nebenan noch mit seiner Kundin beschäftigt war, lagen wir auf dem Bett und haben uns gestreichelt. Für meine Kundin war die Sache okay, und ich spürte auch nicht, daß sie noch irgend etwas von mir erwartete. Sie lehnte sich zurück, strahlte über das ganze Gesicht und sah glücklich aus. Dann kam Günter herein und trieb es vor unseren Augen mit seiner Kundin. Uns tangierte das aber nicht, wir unterhielten uns nur leise. Eigentlich hätte ich gerne beobachtet, was und wie Günter es trieb. Viel bekam ich aber leider nicht mit.

Peinlich fand ich das nicht – im Gegenteil: Die Situation ließ meinen Adrenalinspiegel wieder steigen. Dieses tiefe Atmen und Stöhnen, diese ganze Atmosphäre törnte mich an. Aber meine Kundin zeigte überhaupt keine Regung. Es war natürlich auch wahnsinnig eng auf dem Sofa, und ich hing halb auf dem Boden. Ich berührte sie zärtlich, ging auch in den Intimbereich, merkte aber, daß es sie kalt ließ. Ich schlug ihr vor, duschen zu gehen. Wir ließen die zwei allein und bekamen von deren Spielchen nichts mit. Als wir aus dem Bad herauskamen, war Günter auch mit seiner Kundin fertig. Die zwei Frauen zogen sich an und verabschiedeten sich. Von der Bezahlung bekam ich nichts mit. Nachdem sie gegangen waren, gab Günter mir mein Geld. Er wollte wissen, wie es denn bei mir gelaufen sei, und ich habe ihm wahrheitsgemäß geantwortet. Nach diesem Date folgten weitere.

Günter ging weiter seinem Job nach, während ich immer öfter blaumachte und krankfeierte, so daß die Kündigung irgendwann ins Haus flatterte. Das war kurz nach Ende meiner Lehrzeit. Nach dem ersten Lehrjahr hatte ich noch eine sehr gute Zwischenprüfung hingelegt, nur Einsen und Zweien, aber die Abschlußprüfung war mehr als dürftig. Ich bestand die Theorie erst in der Nachprüfung mit Ach und Krach, weil mich das alles nicht mehr interessierte. Ich dachte nur an das nächste Date. Die Arbeit als Callboy war eine ganz andere Welt, und im Vergleich zu meinem Lehrgeld verdiente ich mit relativ geringem Zeitaufwand relativ gut. Ich fand es auch sehr spannend, ständig neue Frauen kennenzulernen. Günter schimpfte wegen der Kündigung natürlich mit mir, aber ich hatte meinen eigenen Kopf.

Parallel zu den Dates wagte ich mich in die Puffszene. Hier kam ich mir unheimlich wichtig vor: Ich war jetzt einer aus dem Milieu, ich war wer. Ich versuchte, Kontakt zu den Nutten zu kriegen, weil ich von ihnen akzeptiert werden wollte. Ich fühlte mich hingezogen zu den Frauen, die anschaffen gingen. Ich merkte dann schnell, daß die Mädels ihren Job gar nicht so wahnsinnig toll fanden, und das hat mich dann ein bißchen geschockt. Trotzdem zog es mich immer wieder ins Milieu, weil ich mich unter Gleichgesinnten fühlte. Eine Prostituierte nahm mich mit auf ihr Zimmer im Stundenhotel, wo wir uns lange unterhielten. Sie wollte wissen, was ich erlebt hatte, und sie erzählte über sich. Das tat uns beiden wahnsinnig gut.

An einem Samstag traf ich mich mit Günter, um ein Date vorzubereiten. Wir sprachen über die Musik, die ich mitbringen sollte, denn ich wollte mehr Einfluß auf den Abend haben. Es sollte eine flotte Fete werden, unverkrampft und ganz locker. Günter hatte mir auch gesagt, es käme eine ganz Tolle, zwar schon ein bißchen älter, aber sehr gutaussehend für ihr Alter. Diesmal wußte er also schon vorab, wer mein Mädel sein sollte, hatte sie schon heiß auf mich gemacht. Ich trank vor der Party ein Fläschchen Sekt und wurde ruhiger, war nicht mehr so angespannt wie bei den ersten Malen. Als die Mädels eintrafen, spielte ich den Clown, denn ich wollte megacool wirken. Das kam aber bei den Mädels gar nicht gut an, weil sie eine ganz andere Vorstellung von mir hatten. Ich merkte das, trotz Alkohol, und bremste mich ein wenig. Dann ging es richtig zur Sache.

Ich war davon ausgegangen, daß jeder seine Kundin hatte, aber dem war nicht so. Diesmal machten sich Günter und ich gemeinsam an die Arbeit, beim Vorspiel und auch beim Geschlechtsakt. Wir vier lagen ziemlich eng zusammen auf dem Bett, und ich merkte plötzlich, daß mir jemand am Po herumgrabbelte. Es war Günters Partnerin. Wir bumsten aber nicht nur im Bett, sondern trieben es überall. Die Frauen waren mittlerweile stark angetrunken und wollten einfach voll auf ihre Kosten kommen. Beispielsweise war ich mit meiner Kundin im Bad, um dort eine schöne Nummer unter der Dusche zu schieben. Es war allerdings keine Duschkabine, sondern eine Badewanne mit Dusche, also sehr unbequem. Als ich meine Kundin von hinten nahm, verrenkte sie sich wohl den Rücken und fing an zu jammern. Aber die Geilheit siegte über die Schmerzen. Sie kam nicht zum Höhepunkt, deshalb sind wir aus der Wanne gestiegen und wieder ins Bett gegangen. Günter und seine Kundin waren voll zugange. Er verstand sein Handwerk sehr gut, und man merkte, daß er doch professioneller war als ich.

Es kam schließlich zum Partnertausch, wobei die Frauen untereinander beschlossen, den Partner zu wechseln. Wir haben wild herumgebumst und sind dabei quer durch die Wohnung gewandert. Der Reiz daran war, daß man sich immer wieder gegenseitig aufputschte. Es war auch das erste Mal, daß ich Günter in Aktion sah. Es kam aber keine Konkurrenz oder Wetteifern auf, es machte einfach Spaß. Zwischendurch hatte ich Blickkontakt mit Günter, der mir signalisierte, daß alles okay sei. Was Günter vorher mit den Frauen abgesprochen, ob er den Partnertausch vereinbart hatte, weiß ich nicht, aber es interessierte mich auch nicht. Für mich war es wichtig, in das Geschäft reinzukommen, und als Minderjähriger war das natürlich schwierig, weil man keine Anzeigen schalten durfte, um sich einen Kundenstamm aufzubauen. Das war zu der damaligen Zeit noch ganz schwer. Auf der anderen Seite war es früher einfacher, an Frauen heranzukommen. Sie suchten sich jemanden über Anzeigen in Zeitungen. Heute ist es für die Frauen viel einfacher, ein schnelles Date zu machen, denn sie haben viel mehr Möglichkeiten, jemanden für ein One-Night-Stand anzubaggern. Früher waren die Anzeigen in der Tageszeitung die einzige Möglichkeit für die Frauen. Wenn sie »Dressman ...« lasen, dann wußten die Frauen, was damit gemeint war.

Nach diesem Abend fühlte ich mich jedenfalls sehr gut, denn ich hatte wieder etwas Neues kennengelernt. Für mich war es unwahrscheinlich wichtig, im Bereich Sex dazuzulernen. Durch Günter hatte ich die Chance, fit zu werden und meinen »Meister« zu machen. Aber es kam natürlich irgendwann der Zeitpunkt, wo ich flügge wurde und selbst annoncierte. Damit stellte ich eine Konkurrenz für Günter dar, und das war auch der Grund, warum wir uns später trennten. Zwischen uns bestand eine rein geschäftliche Beziehung, wir sahen uns auch nicht privat, denn wir gestalteten unsere Freizeit ganz anders. Ich ging viel auf Feten, Günter blieb viel mehr zu Hause. Er war eben älter, reifer und ruhiger. Ich nehme an, daß er das Geld gehortet hat. Für mich hingegen war die Kohle lebensnotwendig. Ich bekam nur zwischen fünfzig und siebzig Mark pro Nummer und glaube heute, daß er mich schon ein bißchen abzockte, aber damals war mir das egal. Mir war es einfach wichtig, zu Frauen körperlichen Kontakt zu kriegen. Es waren meist Frauen im Alter meiner Mutter, und das habe ich genossen. Sex spielte bei mir immer eine große Rolle, aber die körperliche Wärme, die ich dabei spürte, war auch wahnsinnig wichtig. Der lange Verzicht auf Wärme und auf Körpergerüche machte sich deutlich bemerkbar.

Ich lebte, nachdem ich meinen Job verloren hatte, weiter im Lehrlingsheim, bis ich neunzehn Jahre alt war. Dann wurde es geschlossen, weil man die Zuschüsse strich.

An einem Wochenende, ich hatte im Bodybuilding-Studio trainiert, wollte ich ausgehen. Ich ging in eine Kneipe, in deren Untergeschoß sich eine Disko befand, die aber noch nicht geöffnet hatte. Also stellte ich mich oben in der Gaststätte an die Theke, trank einen Orangensaft und guckte in die Runde. Es war noch sehr wenig los, aber plötzlich bekam ich Blickkontakt zu einer Frau. Ich schätzte sie auf Anfang Dreißig, und sie war sehr attraktiv. Sie hatte lange blonde Haare, war nett zurechtgemacht mit einem Kleid, war sexy und hatte eine wahnsinnig tolle Ausstrahlung. Ich drehte mich aber sofort wieder weg, weil ich ein wenig schüchtern war und dachte, ich hätte keine Chance bei ihr. Ich taxierte sie trotzdem aus den Augenwinkeln, und das hat sie wohl irgendwie mitgekriegt. Ungefähr nach einer halben Stunde fühlte ich eine angenehme Wärme in mir hochsteigen und wurde so nervös, daß ich erst mal zur Toilette gehen mußte, um mich zu sammeln. Ich beratschlagte dann mit mir selbst, was ich wohl machen könnte, um mit ihr ins Gespräch zu kommen. Ich wollte etwas Außergewöhnliches bringen, die normale Anmachtour war mir zu billig. Als ich aus der Toilette herauskam, muß ich ein wahnsinniges Strahlen im Gesicht gehabt haben, denn sie kam auf mich zu und fragte mich, ob sie mich zu einem Getränk einladen dürfte. Ich fand das natürlich stark und war aufgeregt, wußte aber nicht, wie ich jetzt ein Gespräch anfangen sollte. Sie hat mir diese Aufgabe dann abgenommen, denn vermutlich hatte sie meine Unsicherheit bemerkt. Sie begann mit Komplimenten: Ich sähe so gut aus, hätte einen tollen Körper, ob ich Sport trieb? Ich fiel im Vergleich mit all den anderen Leuten, die in der Kneipe rumhingen, auf. Sie sei gerade erst in die Gegend gezogen und das erste Mal in dieser Kneipe. Sie wohne gleich um die Ecke und hätte auf dem Schild gelesen, daß es hier unten eine Disko gebe, und weil sie gerne tanze, sei sie jetzt hier. Sie wollte sich einfach amüsieren. Die Disko gehörte einem ehemaligen Arzt aus einem Hospital, das geschlossen worden war. Die Bedienung war eine ehemalige Narkoseärztin. Sie wußten, daß die meisten Gäste aus dem Lehrlingsheim kamen, die keine Verwandtschaft hatten, und so war die Atmosphäre sehr familiär. Dadurch hatten die Besitzer natürlich eine ziemlich große Stammkundschaft.

Um neun Uhr öffnete endlich die Disko, und wir sind runtergegangen. Den DJ kannte ich, das war auch einer aus dem Lehrlingsheim. Ich wollte aber an dem Abend doch eine Jüngere und ließ deshalb die neue Bekannte erst mal stehen. Ich ging hoch in die Kneipe und kam ungefähr nach einer halben Stunde wieder runter in die Disko. Sie stand am Rand der Tanzfläche, während ich beim DJ Plattenwünsche äußerte. Ich ging auf sie zu. Die Disko war in kleine Nischen unterteilt, die hintereinanderlagen, und je weiter man nach hinten kam, um so dunkler wurde es, also der ideale Anmachschuppen. Ich hatte uns etwas zu trinken besorgt, unterhielt mich mit ihr, schließlich tanzten wir zusammen. Durch die Tanzerei – es wurde zwischendurch auch Blues gespielt – wurde ich immer erregter. Ich wollte mit ihr nach hinten gehen, ins Dunkle. Wir bestellten uns noch ein Getränk. In einer der Nischen küßten wir uns, auch mit Zungenschlag, und ich fing an, sie zu befingern und zu begrabschen. Sie tat dasselbe bei mir. Wir hatten überhaupt keine Hemmungen, und uns interessierte nicht, daß wir in einer Diskothek waren. Es ging so weit, daß ich schon bei ihr unter dem Kleid im Höschen war, sie mir die Hose öffnete und mir einen runterholte. Nachdem wir uns heiß gemacht hatten, blieben wir aber noch in der Disko, tranken Wein und tanzten Blues. Es war schon spät, und es wurden viel Schmuseplatten gespielt.

Ich fragte sie schließlich, ob wir nicht zu ihr gehen könnten, wo sie doch nur um die Ecke wohnte. Zunächst wollte sie nicht richtig, sagte, daß sie noch nicht richtig eingerichtet wäre. Ich schaffte es aber, sie zu überreden, mich mitzunehmen. Bei ihr sah es wirklich wüst aus, überall standen Kartons herum. Bett und Couch waren schon aufgebaut, aber die Schränke mußten noch eingeräumt werden. Aber das interessierte mich nicht, denn ich war ja aus einem anderen Grund bei ihr. Wir redeten miteinander und ich versuchte, sie auf ein Taschengeld anzusprechen. Ich erzählte ihr, daß ich schon als Dressman gearbeitet hätte, und das fand sie auch wahnsinnig interessant. Ich sollte ihr erzählen, was denn alles gelaufen wäre und was ich dafür bekommen hätte. Ich wollte mit ihr schlafen. Aber sie wehrte sich und wollte eigentlich gar nicht. Das ging bis in den frühen Morgen so. Es wurde schon langsam hell, als ich sie endlich rumgekriegt hatte und sie mit mir schlief. Es war ein sehr behutsamer und zärtlicher Sex, keine wilde Orgie. Als ich nach etlichen Stunden Schlaf wach wurde, war keiner mehr in der Wohnung, und mir war ein bißchen mulmig. Sie war aber nur Brötchen holen gegangen, und wir frühstückten zusammen. Beim Abschied drückte sie mir einen zerknitterten Hundertmarkschein in die Hand: »Du bist lieb und nett, aber es bleibt bei dem einen Mal.«

Ich wollte sie wiedersehen und war deshalb enttäuscht. Ich versuchte, mit ihr zu diskutieren, aber sie wollte nicht. Ich hatte zwar ihre Telefonnummer, aber sie sagte mir gleich, daß sie schwer zu erreichen sei, weil sie viel unterwegs sei. Das stellte ich auch in den nächsten Tagen fest, denn ich versuchte gleich, den Kontakt zu ihr herzustellen. Sie reiste wohl auch häufig ins Ausland, denn sie war im Außendienst tätig. Sie kam auch nie mehr in die Diskothek. Eines Abends sprach mich dort ein Mädel an und bestellte mir einen schönen Gruß von dieser Frau und ich solle nicht böse auf sie sein. Außerdem erzählte mir ihre Freundin, daß sie schwanger sei und nicht mehr hier wohnte. Ich war natürlich fix und fertig, als ich hörte, daß ich mit siebzehn Jahren Vater werden sollte. Aber sie meinte, ich bräuchte keine Angst zu haben, denn auf mich kämen keine Pflichten zu. Irgendwie muß die Geschichte aber durchgesickert sein, denn ein paar Tage später kam mein Ausbilder in der Berufsschule auf mich zu: »Stimmt es, daß du eine Frau geschwängert hast und Vater wirst?«

Ich wollte natürlich wissen, woher er das wußte, aber er sagte nur, daß er wisse, was ich so alles trieb. Ich stritt natürlich alles ab. Die Prüfungen standen an, dann begannen die Sommerferien, schließlich war die Lehrzeit vorbei, und ich kam in eine andere Abteilung. Ich habe mit der Freundin dieser Frau noch ab und zu gesprochen, und sie sagte mir auch, daß ich keine Nachforschungen anstellen sollte. Die Frau selbst habe ich nie wiedergesehen. Am Anfang habe ich noch versucht herauszufinden, wo sie sich aufhält, aber mit der Zeit verlor ich das Interesse. Die Zeit war so schnellebig, es passierte so viel, daß man eigentlich gar keine Zeit für Nachforschungen hatte. In den siebziger Jahren war immer viel los, und im nachhinein muß ich sagen, daß die siebziger Jahre meine schönste Zeit waren.

Ich hatte nicht von Anfang an geplant, von ihr Geld zu nehmen, dafür hatte sie auch zuviel Sex-Appeal. Erst in den frühen Morgenstunden kam mir der Gedanke, sie unauffällig auf das Thema Geld zu bringen. Vielleicht war das der Grund, daß sie nichts mehr mit mir zu tun haben wollte. Sie hatte wohl das Gefühl, ich hätte ihr nur was vorgemacht, es wäre nur käuflicher Sex gewesen. Aber ich mußte experimentieren und herausfinden, wann und wie ich den Frauen das mit der Bezahlung beibrachte. Trotzdem ging mir die Sache nahe. Auf der anderen Seite interessierte es mich nicht einmal, ob mein Kind ein Junge oder Mädchen geworden war.

Als das Lehrlingsheim geschlossen wurde, bezog ich ein Apartment. Ich hatte mir ein bißchen Geld zur Seite gelegt und richtete mich zunächst mit ganz wenigen Möbeln ein.

Bundeswehrzeit

Mit achtzehn Jahren wurde ich zur Bundeswehr eingezogen. Ich kam zur Grundausbildung als Panzergrenadier nach Norddeutschland. Ich wäre lieber als Kampftaucher zur Marine gegangen, aber als normaler Wehrpflichtiger hatte man keine Chance, und verpflichten wollte ich mich nicht. Die Bundeswehr war wieder etwas Neues, und ich war neugierig, denn von Älteren hatte ich gehört, daß man sich dort auch glänzend amüsieren konnte. Aber ich bekam gleich Probleme, denn die Jungs aus Nordrhein-Westfalen hatten es bei den Nordlichtern richtig schwer. Wir waren nur Rekruten und mußten auch den Dorflümmeln mit Unteroffizierstitel gehorchen. Das fing beim Stubendienst und Wacheschieben an und ging weiter bis zur täglichen Arbeit.

Es gab einen Zeitsoldaten, der mich bis zum äußersten provozierte. Da mir diese Situation bekannt war, kam ich besser damit zurecht als die anderen Rekruten, die manchmal sogar heulten. Anfangs war ich noch sehr ruhig und zurückhaltend, durchleuchtete erst einmal alles, um die Kompanie kennenzulernen. Aber die Situation wurde wegen des Hauptgefreiten, der mich tagtäglich traktierte, immer unerträglicher. Er ging auf irgendeinen Unteroffiziers-Lehrgang und meinte, mich mit Sprüchen fertigmachen zu müssen, so etwa: »Scheiß-Typen aus dem Rheinland.« Außerdem ließ er mich beispielsweise aus reiner Schikane mein

Gewehr dreimal putzen. Die anderen waren längst fertig und hatten schon wieder Freizeit. Er versuchte immer, noch eins draufzusetzen, und wartete nur darauf, daß ich explodierte. Ich fühlte mich auch für die anderen Jungs verantwortlich, weil die größere Schwierigkeiten hatten, sich zurechtzufinden. Es waren viele Muttersöhnchen unter meinen Kameraden, während ich gewohnt war, mich allein durchzuboxen. Ich hatte mir mehr unter der Bundeswehr vorgestellt. Ich dachte, die Vorgesetzten seien Respektspersonen, aber das waren alles Witzfiguren, die man überhaupt nicht für voll nehmen konnte. Es kam also der Tag X: Der Kompaniechef trat gerade heraus und wir mußten uns zum Gruß formieren. Der Zeitsoldat, unser Gruppenführer, stand hinter mir und machte mich wieder fertig. Ich hatte mich aber nie von ihm provozieren lassen, und das ärgerte ihn wohl, und deshalb betrieb er eine Art psychologische Kriegsführung: »Du bist das Allerletzte. Wie siehst du überhaupt aus? Du bist ein Stück Scheiße«, waren nur einige seiner Bemerkungen, und da habe ich ihn geschlagen. Er ging sofort k.o. und lag auf dem Boden. Ich war selber perplex, weil alles so schnell ging. Der Hauptfeldwebel, der gerade den Kompaniechef begrüßte, bekam alles mit. Ich geriet in Panik und sah keine andere Möglichkeit, als auf einen LKW zu springen, der von unserer Kompanie wegfuhr. Am Tor fingen sie mich dann jedoch ab, und ich wurde in eine Zelle gebracht. Da saß ich dann erst einmal ein paar Stunden. Aber ich hatte kein schlechtes Gewissen, im Gegenteil: Ich fühlte mich gut, weil der Druck weg war. Auch freute ich mich, daß ich es vor den Jungs getan hatte. Ich wollte ihnen damit zeigen, daß sie keine Angst vor den Vorgesetzten zu haben brauchten, denn auch die Befehlshaber waren Menschen wie du und ich. Nur weil sie einen höheren Dienstgrad hatten

29
Y-429 406
3
32

und länger dabei waren, waren es noch lange keine Götter. Ich mußte dann zum Bataillonskommandeur, der mir eine längere Strafpredigt zuteil werden ließ. Ich erklärte ihm die Situation. Ich sei eben ein Heimkind, hätte immer nur Druck bekommen, den ich nicht mehr ausgehalten hätte, und dann sei es zu einem Blackout gekommen. Zur Strafe mußte ich einen Monat lang am Wochenende Wache schieben. Der Zeitsoldat hatte danach Respekt vor mir, ja, er wurde lieb und nett. Auch ihn stellte man nach dem Vorfall zur Rede. Er dürfe sich vor Rekruten nicht so aufspielen, denn gerade er müßte in den ersten Monaten ein Vorbild für die Neulinge sein, damit diese einen positiven Eindruck von der Bundeswehr erhielten.

Nach der Rekrutenzeit wurde ich der Kampfkompanie zugeteilt und befürchtete schon, daß es noch härter würde. Aber das Gegenteil war der Fall: Es wurde alles wesentlich lockerer. Man hatte natürlich oft bis acht oder neun Uhr abends Dienst und mußte auch an Nachtübungen teilnehmen, wenn andere, je nachdem, welcher Abteilung sie angehörten, schon frei hatten.

Aber wir bekamen auch Ausgang, und da waren die Probleme mit meinen Vorgesetzten vorprogrammiert. Es gab ein paar Diskos im Ort, und die Vorgesetzten meinten, sie hätten Vorrechte und irgendwelche Besitzansprüche bei den Mädchen, die aus dem Ort kamen. Ab und zu übernachtete ich auch bei Mädels in dem Ort, ich wollte nicht immer in die Diskothek. Und dann gab es mit einem Vorgesetzten, einem Unteroffizier, Probleme, weil ich ihm ein Mädel ausgespannt hatte. Der wollte das mit mir in der Turnhalle ausboxen. Aber aus dem Alter waren wir ja wohl raus.

Direkt neben der Kaserne gab es einen Puff, die »Rote Laterne«, der auch mehr oder weniger für die Bundeswehr zuständig war. Am Anfang bin ich dort nur herumgeschlichen, ängstlich darauf bedacht, Distanz zu halten, weil ich nicht den Eindruck erwecken wollte, einer von den Freiern zu sein. Der Puff erinnerte mich an das Milieu meiner Heimatstadt, das ich schon kannte und das mich ja von jeher neugierig gemacht hatte. Wenn die anderen in die Disko gingen, besuchte ich lieber die »Rote Laterne«. Ich hatte dort eine Prostituierte kennengelernt, die auch aus meiner Heimatstadt kam. Wir hatten eine enge Beziehung, das heißt aber nicht, daß wir miteinander geschlafen hätten. Wir hatten nur dieselbe Wellenlänge. Neunzig Prozent der Frauen, die diesem Job nachgehen, haben Schreckliches hinter sich und sind deshalb heute Prostituierte. Sie erzählte mir von ihrer Kindheit und ich ihr von meiner. Wir kamen uns sehr nahe, aber ich durfte natürlich nie offiziell in das Etablissement rein. Wenn die Puffmutti nicht da war, gab sie mir ein Zeichen – sie zog den Vorhang zurück –, und ich stieg durch ein Fenster in das im Parterre gelegene Zimmer. Dann unterhielten wir uns, und das tat uns beiden gut. Ich hatte genau wie sie Heimweh.

Während der ganzen Bundeswehrzeit war ich nur sechsmal in meiner Stadt. Die Vorgesetzten hatten mir oft am Wochenende Wache aufgebrummt, und dann gab es noch den Bereitschaftszug. Damals hatte man Probleme mit der RAF, die Munitionslager plündern wollte, und so gab es die »Mun«-Transporte, bei denen Waffen transportiert wurden. Das waren Geheimaktionen, bei denen nicht einmal wir wußten, was eigentlich vor sich ging. Wir fuhren als Begleitschutz mit, vielleicht waren wir auch nur als Ablenkungsmanöver gedacht, aber für solche Aktionen war Sven immer zu haben: Nervenkitzel.

Es gab auch TD, Technischer Dienst, wo wir Gewehre, Panzer und ähnliches reinigen mußten. In diesem Fall mußten alle Großfahrzeuge gereinigt werden. Das war eine Arbeit, die mir überhaupt nicht schmeckte. Wir besorgten uns zwei Liter Whisky, die wir uns dann reinzogen. Ich habe wohl zuviel intus gehabt, denn ich kam plötzlich auf die Idee, mit dem Panzer ein bißchen probezufahren. Ich fuhr ziemlich chaotisch über das Kasernengelände und hatte eine Mordsgaudi dabei. Am Tor wurde Alarm ausgelöst. Sie kreisten mich mit PKWs ein, und ich rangierte mit dem Panzer hin und her, gab dann aber schließlich auf. Natürlich folgte Arrest!

Die besten Schützen und Läufer aus den unterschiedlichen Bataillonen kamen in die »Rommelmannschaft«. Die Bataillone kämpften in der Rommelmeisterschaft gegeneinander, und der beste wurde »Rommelmeister«. Da ich sehr gut laufen konnte, gehörte ich zu dieser Mannschaft. Ich war Bataillonsschnellster, auch auf der Hindernisstrecke, und ein sehr guter Schütze. Dadurch hatte ich es etwas leichter, denn auf mich wollte der Bataillonskommandeur nicht verzichten. Gute Leute zu finden, das war schwer bei der Bundeswehr, denn die meisten hätten eher zu den Sanitätern gehört, aber das war für mich nichts. Wenn schon Wehrdienst, dann wollte ich ein Kampfschwein sein, wollte mir etwas beweisen, suchte Anerkennung und wollte hören: »Sven, du bist gut!« Dieser Umstand hat mir natürlich nach der Chaosfahrt mit dem Panzer geholfen. Normalerweise hätte es eine saftige Geldstrafe gegeben, aber der Bataillonskommandeur sah von einer Disziplinarstrafe ab, weil es auch in meine Papiere gekommen wäre und als Vorstrafe gegolten hätte. Ich mußte Wache schieben, aber meistens war ich eben der Rommelmannschaft zugeteilt.

Meine Zugehörigkeit zur Rommelmannschaft hatte auch weitere Vorteile. Ich war zum Beispiel zum großen Teil vom

»Grünzeug« befreit und lief hauptsächlich im Jogginganzug herum. Mein Tagesablauf bestand in der Hauptsache aus Schießen, Laufen in allen Variationen und anderen sportlichen Aktivitäten. Irgendwann mußten wir dann auch mit scharfer Munition schießen, und das sollten wir vier Wochen in Puttlos üben. Puttlos: nixlos, sorglos, trostlos – da war gar nichts los! Der Ort lag an der Ostsee, und man konnte leicht über die Ostsee schießen, ohne Menschen zu stören. Das schmeckte mir natürlich gar nicht, weil man von der gesamten Außenwelt abgeschnitten war. Es gab nur Wälder und Truppenübungsplätze, der pure Horror. Es war Herbst und schon ein bißchen kalt und ungemütlich. Wir mußten morgens ganz früh raus und erst mal laufen, laufen, laufen. Dann frühstücken, anschließend Hindernislaufen und danach schießen, und das jeden Tag. Auf die Dauer wurde es wahnsinnig langweilig.

Unsere Truppe bestand aus sechs Leuten. In der Nähe von Puttlos, in Heiligenhafen, gab es ein paar Diskos, und wir hatten mitgekriegt, daß ein paar Unteroffiziere und Leutnants da abends hingingen, obwohl der Bataillonskommandeur striktes Ausgehverbot verhängt hatte. Eines Abends hatten wir mal wieder getrunken – wir hatten unsere ABC-Tasche, die eigentlich für die ABC-Schutzmaske vorgesehen war, immer mit ein paar Getränken gefüllt – und uns dann gesagt: »Was die können, können wir auch.« Alle trugen blaue Jogginganzüge, die Unteroffiziere mit einem weißen Balken, die höheren Dienstgrade mit mehreren. Ich nähte aus Bettlaken solche Balken auf meinen Jogginganzug. So sind wir dann – ich als Vorläufer vorneweg, die Jungs alle hinter mir her – Richtung Tor gelaufen. Dort hielten keine Bundeswehrsoldaten Wache, sondern die Seniorengruppe einer Wach- und Schließgesellschaft. Die merkten natürlich nichts und öffneten brav den Schlagbaum. Wir liefen zur nächsten Hauptstraße und fuhren per Anhalter nach Heiligenhafen. Da wir sechs Mann waren, hat das natürlich eine Zeit gedauert, denn wir mußten zwei Wagen anhalten. Vor der Diskothek wurde uns doch mulmig, aber ich sagte zu den Jungs: »Kommt, ich nehme alles auf meine Kappe, wir müssen da jetzt rein und die kompromittieren.«

Wir gingen, leicht dancend, in die Disko. Und da saßen die Offiziere und guckten uns an, konnten aber nichts sagen. Ich ging auf unseren Leutnant zu und sagte zu ihm: »Reg dich nicht auf, ich habe dich nicht gesehen und du mich auch nicht.«

Er wollte natürlich wissen, wie wir das gemacht hatten, und fand die Masche megastark. Wir tranken dann etwas zusammen, amüsierten uns und sind hinterher auch zusammen mit dem Taxi in die Kaserne gefahren. Damit war die Sache erledigt.

Bei den Rommelmeisterschaften konnte ich leider nicht an allen Wettkämpfen teilnehmen, weil ich mir Verbrennungen zugezogen hatte. Ich war an einem Wochenende zu Hause gewesen – mittlerweile war ich auch umgezogen – und wollte mir Nudeln kochen. Ich hatte damals einen Gasherd, der immer wackelte, und während das Wasser kochte, meinte ich, das reparieren zu müssen. Dabei sind mir dann zwei bis drei Liter kochendes Wasser über die linke Körperseite gekippt. Ich lief in der Wohnung grundsätzlich nackt herum und schnappte mir deshalb nur ein Tüchlein, hielt es vor den Dödel und lief dann so gegenüber in ein Feinkostgeschäft. Die Frau aus dem Laden fuhr mich mit ihrem Auto in die Klinik, wo ich behandelt wurde. Ich wollte unbedingt an den Rommelmeisterschaften teilnehmen, aber durch den Verband konnte ich ein paar Wochen lang erst einmal nichts tun. Dann konnte ich wieder einen Jogginganzug tragen und so wenigstens an ein paar Übungen teilnehmen. Ich machte dann zwar doch bei den Rommelmeisterschaften mit, aber wir belegten nur den zweiten Platz. Danach konnte man mit mir nicht mehr viel anfangen, denn bei den Manövern mußte ich im Grünzeug mit Stahlhelm und leichtem Sturmgepäck laufen, und das war mit den Verbrennungen recht schmerzhaft.

So wurde ich nach zwölf Monaten vorzeitig entlassen, als Gefreiter in Reserve. Wir hatten uns teilweise im Suff selber degradiert. Nach dem Genuß von Friesengeist schnitten wir uns beispielsweise mit dem Kampfmesser gegenseitig die Schulterklappen ab, und da unsere Kantine nur durch eine Schiebetür vom Offizierskasino getrennt war, konnte man uns immer wunderbar dabei beobachten.

Wir gründeten eine Art Mafia gegen Z-Schweine (Z = Zeitsoldat). Alle Z-Schweine mußten bestraft werden. Wir waren so etwas wie Untergrundkämpfer, die nachts aktiv wurden. Wir haben Leute, die andere verpfiffen hatten oder unfair anderen gegenüber waren, die auf Minderheiten rumhackten, plattgemacht. Wir färbten uns mit Korken das Gesicht schwarz und stachen uns Sicherheitsnadeln durch die Ohren und die Backen. So schlichen wir uns nachts in das Zimmer des Übeltäters: Als erstes wurde das Bett hochkant gestellt, so daß der Betreffende herausfiel. Dann bekam er mit dem Klappspaten eine sogenannte »Arschreise« verpaßt, und schließlich wurde er noch von oben bis unten mit Schuhcreme eingeschmiert. Manchmal schraubten wir auch im Pinkelbecken die Krümmer ab, so daß sich die Jungs auf die Füße machten. Das mußte ich einfach machen, weil ich nichts so sehr hasse wie Leute, die andere unterdrücken.

Erlebnisse mit Kundinnen

Nach der Bundeswehrzeit ging ich mit den besten Vorsätzen zurück in meine Stadt. Ich wandte mich an meinen ehemaligen Ausbilder wegen eines Jobs, und er konnte den Leiter der Gießerei überzeugen. Das Betriebsklima war nicht besonders gut, als ich bei der Firma aufgehört hatte, aber jetzt war es ganz fürchterlich. Ich wurde gleich am ersten Tag mit einer unglaublichen Ablehnung empfangen. Ich dachte eigentlich, ich sei zu einem günstigen Zeitpunkt gekommen, denn der Kolonnenführer, der mich früher immer in die Mangel genommen hatte, war vor kurzem gegangen. Aber nach einer Woche kam er wieder, weil die Firma ihn gebeten hatte, wenigstens für ein halbes Jahr weiterzuarbeiten, denn durch die gute Auftragslage hatten sie ein Arbeitshoch. Dieser Mensch mischte sich überall ein und machte mich bei allen Arbeitskollegen schlecht – es war ein einziges Spießrutenlaufen. Schon morgens wurde ich dumm angepflaumt, und dann bekam ich nur die dreckigsten Jobs. Die ersten Tage fraß ich alles in mich hinein, aber dann wurde es mir zuviel. Lieber wollte ich wieder in das Callboy-Geschäft einsteigen, egal, mit welchen Frauen ich mich ins Bett legen mußte, Hauptsache, ich hatte mit diesen Drecksäcken nichts mehr zu tun und war mein eigener Herr.

Bis zu diesem Zeitpunkt hatte ich mich wie eine Marionette bewegt. Jetzt aber war ich an einem Punkt angelangt, wo ich es alleine schaffen mußte und wollte. Ich war inzwischen neunzehn Jahre alt.

Ich fing jedenfalls an, blauzumachen und blieb zwei, drei Tage weg. Das war natürlich ein Grund für die fristlose Kündigung. Sie hatten mir bei der Einstellung angedroht, daß ich fliegen würde, sobald ich einen Tag unentschuldigt fehlte. So kam die Kündigung also nicht aus heiterem Himmel, ja, ich hatte sie geradezu provoziert. Ich wollte einfach nicht mehr arbeiten. Morgens hörte ich den Wecker klingeln, atmete zweimal tief durch und dachte: Ihr könnt mich alle mal! Es wurde mir alles zu normal, ich suchte das Abenteuer. Zu Günter nahm ich keinen Kontakt mehr auf, weil ich das jetzt allein durchziehen wollte. Bei der Aufgabe meiner Annonce tat ich mich erst einmal schwer, denn man mußte dort seinen Personalausweis vorzeigen, aber ich habe mich schließlich durchgerungen. Ich ahnte, daß es gar nicht so leicht war, als Callboy Kohle zu verdienen. Es meldeten sich zwar sehr viele Frauen, aber ich hatte den Eindruck, daß viele von ihnen nur Telefonsex wollten. Sie geilten sich schon am Telefon auf, wollten meine Maße wissen und mehr. Ich kam dann irgendwann auf die Idee, ihnen zu sagen, daß das am Telefon nicht so gut zu besprechen sei, aber man könne sich ja mal unverbindlich treffen. Es ist dann öfter passiert, daß ich brav im Café saß und keiner kam. Entweder hatte die Anruferinnen der Mut verlassen oder sie hatten sich einen Spaß mit mir gemacht.

Die Annonce war zunächst ein Flop. Zwei Wochen später bekam ich jedoch einen ungewöhnlichen Anruf. Eine Frau, der Stimme nach mittleren Alters, meldete sich, ohne ihren Namen zu nennen: »Ich habe Ihre Anzeige gelesen«, erzählte sie mir. »Mein Mann hat das Gefühl, daß ich nicht mehr zufrieden mit ihm bin, und ich soll mir doch mal einen

Callboy aus der Zeitung nach Hause bestellen. Mein Mann ist auf Nachtschicht, und ich wollte fragen, ob Sie heute abend Zeit für mich hätten?«

Wir vereinbarten ein Honorar von hundertfünfzig Mark. Ich fuhr mit dem Taxi zu ihr. Das kostete natürlich eine Menge, aber das war mir egal, denn es war schließlich meine erste ernstzunehmende Kundin, die mich auf meine Annonce hin bestellte. Mir war klar, daß das Geld für das Taxi mein Honorar schmälerte. Doch ich hatte mich nicht getraut, ein höheres Honorar zu fordern.

Als ich vor der Tür des Einfamilienhauses stand, bekam ich Herzklopfen. Es öffnete mir ein hausfraulicher Typ von circa achtunddreißig Jahren in einem Morgenmantel mit ein paar alten Pantoffeln an den Füßen, ganz so, als hätte sie sich absichtlich unattraktiv gemacht. Die Haare waren ungekämmt, sie trug keinen Lippenstift, keinen Schmuck, gar nichts. Sie bat mich ins Wohnzimmer, wo der Fernseher lief, und bot mir etwas zu trinken an. Die Getränke standen auf dem Tisch, und ich nahm mir ein Glas Sprudel, um seriös zu wirken. Ich versuchte ein Gespräch mit ihr anzuknüpfen, aber sie starrte nur auf die Glotze, und ich kam mir unheimlich bescheuert vor. Erst allmählich fing sie an, von sich zu erzählen: »Ich habe mich extra nicht zurechtgemacht, auch keinen Schmuck angelegt, weil ich nicht wußte, wer zu mir kommt. Ich hätte ja auch beklaut werden können. Ins Schlafzimmer können wir leider nicht gehen, weil mein Mann das nicht möchte.«

Sie führte mich in einen angrenzenden Raum. Dort war es so dunkel, daß ich bis auf zwei alte Luftmatratzen auf dem Boden fast nichts erkennen konnte. Sie ging dann wieder zurück ins Wohnzimmer und starrte weiter auf die Glotze. Langsam wurde ich etwas nervös und mußte erst mal ein

Glas Sekt trinken. Ich setzte mich dann zu ihr auf die Couch und legte den Arm um sie. Sie forderte mich auf, endlich anzufangen, starrte aber weiter auf den Fernseher. Ich dachte mir: »Die heizt du jetzt mal richtig auf. Vielleicht ist sie ja extrem schüchtern und verklemmt.«

Ich ging ins Bad und duschte mich leicht ab. Nur mit einem Handtuch bekleidet kam ich wieder heraus, aber sie würdigte mich immer noch keines Blickes. Ich setzte mich auf ihren Schoß, küßte sie leicht auf den Hals und streichelte sie. Sie wurde dann auch ein wenig gefügiger. Ich bekam einen hoch, entkleidete sie und legte mein Handtuch weg. Sie war schon ein wenig erregt, als wir zur Luftmatratze hinübergingen. Ich legte sie hin, und da lag sie dann auf dem Rücken wie der hölzerne Herrgott. Ich streichelte sie eine halbe bis dreiviertel Stunde überall am Körper, ließ aber bewußt den Intimbereich aus, damit sie sich löste. Ich kraulte und streichelte sie, aber bei ihr rührte sich nichts. Ich drang dann leicht in ihren Intimbereich vor, machte es ihr ein wenig auf französisch, und dabei merkte ich dann, daß schon leichte Schauer durch ihren Körper gingen. Bis zu diesem Moment war sie noch mit Slip und BH bekleidet. Ich zog ihr beides aus und küßte sie leicht im Intimbereich. Sie hatte einen schönen Körper, und durch die Baggerei war ich ziemlich geil. Ich wollte dann mit ihr schlafen, hatte meinen Johannes in sie eingeführt, aber die Luftmatratze hatte Löcher. Mit einem Knie ging ich auf den Boden, und die Matratze eierte hin und her. Die Situation war ziemlich unerotisch. Da beschloß ich, es ganz anders anzugehen. Ich nahm sie hart, und das hat ihr dann gefallen. Ich habe so heftig gestoßen, daß sie richtig in Fahrt kam und endlich auftaute. Sie wollte, daß ich immer tiefer in sie reinging, mein Schwanz konnte nicht groß genug sein. Anfangs schockierte mich das ein bißchen, aber es machte mich auch wieder geil. Sie stöhnte: »Jetzt fick mich richtig durch! Ich will endlich richtig durchgefickt werden!«

Die Sache hat höchstens zehn Minuten gedauert, dann war sie auch schon fertig. Ich wurde sauer, weil ich gerade erst warm geworden war. Ich kann es nicht vertragen, wenn Frauen mich auspowern wollen. Kaum waren wir fertig, da wurde sie eiskalt: »Wenn du willst, kannst du dich noch duschen, da auf dem Tisch liegt das Geld, und dann kannst du gehen.«

Am nächsten Tag rief ihr Mann bei mir an und behauptete, seine Frau hätte ihm berichtet, daß ich überhaupt nichts gebracht hätte. Ich solle sofort das Geld wiederbringen. Ich wurde frech zu ihm, weil ich mir das nicht bieten lassen wollte. Es vergingen drei bis vier Tage, als Madame wieder anrief und mich sehen wollte. Anscheinend hatte sie doch Gefallen an der Sache gefunden. Ich gab ihr aber einen Korb. Sie rief mich immer wieder an, und ich lehnte immer wieder ab. Schließlich entwickelte sich daraus ein regelrechter Telefonterror, und ich änderte meine Nummer. Im nachhinein ärgerte ich mich darüber, denn die Frau konnte eigentlich nichts dafür. Sie konnte ihrem Mann, der von der Nachtschicht kam, schlecht erzählen, wie toll es gewesen war.

Das Geld reichte natürlich nur für neue Anzeigen, und deshalb schnorrte ich mir Geld von ehemaligen Heimkollegen. Ich hatte auch nicht das Geld, täglich Anzeigen zu schalten und habe deshalb nur mittwochs und samstags Annoncen aufgegeben. Später merkte ich, daß es Blödsinn ist, samstags zu inserieren, weil keine Frau an diesem Tag in die Zeitung guckt – mit ihrem Mann auf dem Sofa. Montags war günstiger.

Eines Tages rief eine Frau auf eine Anzeige an, eine Intellektuelle. Sie wollte sich mit mir in einem bestimmten Lokal treffen und mich zum Steakessen einladen. Ich hatte zwischendurch schon ein paar mehr Dates wahrgenommen und war dadurch unbefangener und lockerer geworden. Wir aßen zusammen und alberten ein bißchen herum. Wir verstanden uns ausgesprochen gut, obwohl sie schon sechsundvierzig Jahre alt war und ich erst zwanzig. Nach dem Essen fragte sie mich, ob ich noch mit zu ihr käme, wobei sie sich allerdings noch nicht entschieden hätte, ob sie mit mir schlafen wollte. Ich ließ mich auch noch nicht entlohnen. Wir gingen zu ihr nach Hause, und dann beichtete sie mir, daß sie noch nie Männerbekanntschaften gehabt hätte. Sie hätte lediglich eine Liebschaft mit einem Sechzigjährigen gehabt, und da wäre sexuell nicht viel gelaufen.

Sie war ein sehr scheues Wesen und hatte Angst vor Berührungen, wollte nicht angefaßt werden; und sie hatte auch ein Problem mit dem Herzen. Es blieb dann lediglich bei einem Gespräch. Sie zeigte mir ihre Bilder – sie malte Miniaturen, die ich unheimlich süß fand. Wir redeten die ganze Nacht miteinander. Schließlich bot sie mir an, mich nach Hause zu fahren. Sie kam auch noch mit in meine Wohnung. Ich holte uns etwas zu trinken und setzte mich neben sie auf das Sofa. In meinem Wohnzimmer herrschte Rotlicht-Atmosphäre, es war alles ein bißchen kitschig: da ein rotes Lichtchen und dort ein blaues, ein Riesenbild mit Sandlandschaft und Palmen, eine Ecke ganz gemütlich und eine ein bißchen anrüchig. Ich legte meinen Arm um sie und fuhr mit meinen Händen langsam ihren Hals herunter, halb am Busen vorbei. Die Frau fing plötzlich an zu zittern, daß ich dachte, sie stirbt. Sie sagte immer nur: »Sven, hör auf, hör auf!«

Sie hatte Angst zu explodieren, wußte nicht, wie es war, von einem Mann berührt zu werden. Und dabei war sie gar nicht unattraktiv. Sie hatte lange braune Haare, war schlank und ein ganz normaler Durchschnittstyp. Ich ließ aber nicht locker, redete beruhigend auf sie ein und entkleidete sie dabei ganz langsam, immer ein bißchen mehr. Als ich ihr den Slip runterzog, starb sie mir fast. Sie fing am ganzen Körper zu zucken und zu zittern an, und ich mußte immer daran denken, daß sie ja ein schwaches Herz hatte. Aber andererseits geilte mich das immer mehr auf. Ich machte weiter. Als das Höschen unten war, mußten wir bremsen, denn sie fing an zu japsen und nach Luft zu schnappen. Wir mußten aufhören, und ich fand das irgendwie traurig.

Sie fuhr dann nach Hause, rief mich aber ein paar Tage später an und fragte mich, ob wir uns nicht bei ihr treffen könnten. Das wäre für sie eine vertraute Umgebung und sie könnte sich vielleicht doch etwas mehr gehenlassen. Als ich dann zu ihr fuhr, war sie in einer ganz anderen Stimmung als am ersten Abend. Sie erzählte mir, daß sie noch Jungfrau sei. Sie wußte auch, worauf ich stand: schummerige Beleuchtung, ein Gläschen Sekt. Ich zog sie aus, und das Zucken setzte wieder ein. Ich habe bis heute selten eine Frau getroffen, die ihren Orgasmus so erlebt. Außerdem schrie sie so laut, daß ich dachte, die Leute aus der vierten Etage würden jeden Augenblick runterkommen. Ich mußte ihr teilweise den Mund zuhalten, so hat sie geschrien. Es hörte sich an, als wäre ich Jack the Ripper, und dabei hat sie ihr erstes Mal als sehr angenehm empfunden – sie lebte das voll aus. Bis heute ist sie eine meiner Stammkundinnen. Wir treffen uns allerdings nur zweimal im Jahr, denn mittlerweile hat sie eine feste Beziehung.

Dann war da Rita, Geschäftsfrau, ziemlich gut betucht. Sie bestellte mich in ihr Büro, wo sie ein kleines Zimmer mit Schlafcouch hatte. Man merkte schon an ihrer Art zu sprechen, daß sie ziemlich dominant war. Das irritierte mich auf der einen Seite, machte mich aber auch neugierig, denn die meisten Kundinnen waren eher scheu und verängstigt. Sie wußte ganz genau, was sie wollte. Mittlerweile hatte ich auch den Führerschein gemacht und war daher viel beweglicher. Ich fuhr mit dem Auto zu ihr. Es öffnete mir eine Mutti von circa hundertzehn Kilo, mit Gold behangen und mit dicker Brille, so um die Fünfzig. Aber die Frau hatte Klasse. Sie führte mich in ihr Büro. Da stand schon der Champagner im Kübel, nicht diese Billigbrause wie sonst, und es waren leckere Häppchen vorbereitet. Wir tranken den Champagner und unterhielten uns. Sie prahlte richtig und protzte mit dem, was sie besaß. Schließlich schlug sie vor, ich solle mich mal lüften, mal zeigen, was ich draufhatte. Sie hatte zwei Bäder, in das eine führte sie mich, und in dem anderen machte sie sich selbst etwas frisch. Als sie wieder herauskam, war sie mit einem riesigen Tuch bedeckt, ich hatte mir ein kleines Handtuch umgeschlungen. Dann erzählten wir wieder. Sie erzählte mir, wie toll ihr Ehemann sei und daß er auch gut im Bett sei, aber daß sie keinen Bock mehr hätte, mit ihm zu schlafen. Sie hätte auch einen Lover gehabt, der sie aber nur ausgenommen hätte, und sie hätte ihm einen dicken Benz finanziert. Schließlich gingen wir in das kleine Zimmer mit der Schlafcouch. Als wir auf dem Bett lagen und ich versuchte, den Arm um sie zu legen, merkte ich, was für einen Umfang sie hatte. Zwischendurch kippte sie sich immer wieder Champagner rein und erzählte mir, sie hätte sexuell schon alles gemacht: gepißt, geschissen und auch SM, ich sollte mir mal etwas einfallen lassen. Ich wollte schon abhauen und sagte ihr, ich müßte mal ganz kurz zur Toilette. Ich setzte mich aufs Klo und überlegte, aber mir fiel nichts ein. Ich ging dann einfach wieder zu meiner Mutti, stocherte ihr gleich zwischen den Beinen herum, denn es hätte nichts gebracht, ihre Brüste zu streicheln, weil sie durch die Massen sowieso nichts gemerkt hätte. Darauf sprang sie dann auch gleich an. Ich bearbeitete sie eine Stunde lang mit den Fingern, während sie versuchte, mir einen runterzuholen, aber mein Schwanz ging mal hoch und dann wieder runter. Es war eine einzige Tortur. Sie hatte jedenfalls ihren Orgasmus, und ich habe auch abgespritzt. Danach erzählte sie mir, daß sie mich eigentlich für ihre siebzigjährige Mutter testen wollte. Sie hätte mir auch wahnsinnig viel Geld dafür geboten, aber Gott sei Dank hatte ich den Test nicht bestanden. Ich zog mich an, nahm meinen Umschlag und ging. Es war exakt der vereinbarte Preis von hundertsiebzig Mark im Umschlag. Geizig war sie auch, und dabei hatte ich mir wirklich Mühe gegeben.

Einmal rief mich ein Mädel aus dem Gewerbe an. Sie habe einen Nachtclub, ob ich nicht eine Nacht kommen könnte, und was ich dafür haben wollte. Sie war mit siebenhundert bis achthundert Mark für die Nacht einverstanden. Sie wollte noch wissen, was ich für ein Typ war, und bat mich, Jeans anzuziehen. Ich parkte mein Auto laut Anweisung ein ganzes Stück vom Haus weg. Und dann stand da ein total geiler Schuß in der Tür: wahnsinnig attraktiv, jung, etwa in meinem Alter. Sie führte mich in eine Art Wohnzimmer, aber man sah gleich, daß es ein Puff war, und dies war der Raum, wo sie die Kunden empfingen. Sie selbst machte dort das Management und die Geschäftsleitung. Wir unterhielten uns

ungefähr zwanzig Minuten, dann bot sie mir ein Glas Sekt an. Sie schüttete absichtlich Sekt über meine Hose und begann, mir die Jeansjacke auszuziehen, danach das T-Shirt, aber die Hose mußte ich anbehalten. Ich brauchte eigentlich gar nichts zu tun, denn sie war einfach unheimlich gut drauf. Dann gingen wir die Treppe hinauf nach oben in ihr Zimmer. Sie ging kurz nach draußen, um – wie sich später herausstellte – ein paar »lines« (Kokain) zu ziehen. Als sie wiederkam, war sie in Hochstimmung und bedeutete mir, ich sollte mich schon mal auf das Bett legen. Wir waren im Gewerbezimmer: Gummischwanz, Kondome, Peitsche, Massagegel, Kleenex – alles lag bereit. Sie schmiß sich auf mich und fing an zu rubbeln. Das tat richtig weh, weil die Jeans so eng war. Sie zog sie schließlich aus, aber da hatte ich schon fast gar keine Lust mehr, weil mir die Eier weh taten. Aber das Mädel stand offensichtlich auf die Rubbelei, und wenn sie das so haben wollte, mußte das so sein. Ich zog sie auch aus, und wir versuchten, miteinander zu schlafen, aber irgendwie klappte es nicht. Mein Ding war in ihr drin, auch nicht abgeschlafft, aber da mußte sie wieder raus, um eine neue »Straße« zu ziehen. Es kam überhaupt keine Atmosphäre auf, nur totale Unruhe. Dann fing sie an zu erzählen, daß sie ein Kind hätte und auch einen Stenz, den sie aber fertiggemacht hätte. Ihr Anwalt regelte das jetzt, und ihr Macker dürfte noch nicht einmal mehr einen Fuß in die Tür setzen. Sie erzählte und erzählte, und mein Schwanz wurde kleiner und kleiner. Mittlerweile waren schon drei Stunden vergangen, und ich fragte ganz vorsichtig nach meinem Geld. Da sprang sie wie eine Furie aus dem Bett und rastete völlig aus. Ich versuchte, durch den Drogennebel zu ihr durchzudringen, schaffte es aber nicht. Sie rannte runter und brüllte, ich sollte auch runterkommen, sie würde mir meine Klamotten um die Ohren knallen. Ich redete immer wieder beruhigend auf sie ein, wies sie darauf hin, daß es bei ihr auch üblich sei, daß die Freier vorher zahlten. Ich ging dann einfach, und sie schmiß mir die Kohle hinterher – für die ganze Nacht. Sie rief mich später noch mehrmals an und entschuldigte sich bei mir, aber ich machte kein Date mehr mit ihr aus. Ich war von diesem Abend so geschockt, daß ich keine Lust mehr darauf hatte. Außerdem konnte sie versprechen, was sie wollte, wenn sie weiter kokste, würde auch der nächste Abend ein Fiasko werden.

Eine verheiratete Frau, die nicht besonders viel Geld hatte, rief mich eines Tages an. Sie mußte sich den Termin mit mir vom Munde absparen, wie sie mir erzählte. Sie wollte erst einmal Informationen über mich und den Preis, und wenn sie das Geld zusammengespart hätte, wollte sie sich wieder melden. Sie rief auch wieder an, als ihr Mann auf Montage war. Sie bestellte mich für den späten Abend, weil sie ein kleines Kind hatte. Sie lebte in einer ganz einfachen, normalen Wohnung. Ich fand es nett bei ihr, und es war mal ganz angenehm, in eine normale Wohnung zu kommen. Die meisten Wohnungen waren doch eher schickimicki eingerichtet, oft sehr überzogen. Sie war ungefähr achtundzwanzig Jahre und ein einfacher Mensch. Da ich auch ein einfacher Mensch bin, verstanden wir uns gleich von Anfang an gut. Wir gingen zusammen duschen, seiften uns gegenseitig ein, so daß es schon unter der Dusche zu Intimitäten kam. Das war ideal, weil man die Dusche absperren konnte und ihr Sohn nicht plötzlich in der Tür stand. Wir liebten uns also unter der Dusche, wobei sie sich eine kleine Zerrung zuzog, denn unter der Dusche war es eben nicht ganz so bequem wie im Bett. Ihr Mann muß in Sachen Sex sehr einfach, stinknormal gewesen sein und ließ sich wohl nie etwas einfallen. Sie hatte schon versucht, ihn mit Reizwäsche zu verführen, wie sie erzählte, aber das hätte ihn nur irritiert. Er nahm sofort an, sie sei fremdgegangen. Er tat es auch nur im Dunkeln. Es muß ja nicht gleich Flutlicht sein, aber ein bißchen Beleuchtung ist doch ganz schön, denn dann kann man den Partner auch sehen. Da sie mit Geld sehr knapp gehalten wurde, bot sie mir vierzig Mark an. Aber ich sagte ihr, daß sie es behalten solle, wenn sie so knapp bei Kasse wäre. So etwas ist mir häufiger passiert, aber Gott sei Dank immer bei Mädels, die mir von ihrer ganzen Art her angenehm waren. Ich hatte Mitleid mit ihnen.

In dieser Zeit – praktisch meiner Lehrzeit – hatte ich im Durchschnitt drei Kundinnen in der Woche, also kam ich zwischen zwanzig und einundzwanzig Jahren auf ungefähr hundertzwanzig Kundinnen, die Stammkundinnen nicht mitgerechnet.

Die Liebe

Eine ehemalige Kundin hatte mich Marianne empfohlen und ihr gleich einen Teil meines Honorars zum Geburtstag geschenkt. Marianne war dreiundzwanzig Jahre alt. Sie wollte mir am Telefon zunächst nicht sagen, wer mich empfohlen hatte. Sie wollte mich erst einmal ein wenig kennenlernen und so sind wir beim ersten Treffen bummeln gegangen. Vereinbart hatten wir den Preis für eine Nacht. Treffpunkt war der Blumenstand am Hauptbahnhof. Ich hatte mich gestylt – sie hatte mir vorher gesagt, sie sei eher der lockere Typ – und sogar Selbstbräunungscreme benutzt. Sie trug keine langen Haare, sondern einen modischen Kurzhaarschnitt in dieser Straßenköterfarbe, was ich eigentlich überhaupt nicht mochte, aber an diesem Mädel gefiel mir einfach alles. Schon als ich sie von weitem sah, wurde mir ganz warm ums Herz. Ich bekam nicht mal ein anständiges »Hallo« heraus. Sie war auf der einen Seite burschikos, auf der anderen Seite niedlich, ein Lausbub in Mädchengestalt. Sie war so groß wie ich, 1,77 Meter, und schlank, trug hautenge Jeans und ein knallenges T-Shirt. Sie war vollbusig, aber von sportlicher Statur, im Kreuz ein bißchen breiter.

Wir gingen Steak essen und beschnupperten uns dabei. Wir amüsierten uns prächtig und flachsten viel, aber da war mehr als normalerweise. Sie war nicht einfach nur eine Kundin, sondern jemand, den ich erobern wollte. Deshalb war ich auch sehr nervös, nicht mehr so professionell. Später erzählte sie mir, daß mein rechtes Auge immer gezuckt hätte. Nach dem Essen gingen wir tanzen, drei Stunden waren wir auf der Tanzfläche. Damals wurde viel Blues getanzt und das war entscheidend für mich. Die Bezahlung spielte für mich an diesem Abend gar keine Rolle. Es lag etwas anderes in der Luft. Damals trug man die Kleidung sehr eng, und so merkte Marianne auch, daß sich bei mir etwas regte. Wir fuhren mit dem Taxi zu ihr nach Hause und konnten schon im Taxi die Finger nicht voneinander lassen. Ich hätte am liebsten schon während der Fahrt mit ihr geschlafen. Der Fahrer wurde nervös, war aber sehr taktvoll, und klappte den Rückspiegel weg. Schon im Treppenhaus entkleideten und liebten wir uns halbwegs. Wir wollten beide kein Vorspiel, sondern nur die Vereinigung – es war wie eine Explosion. Wir schafften es gerade noch, den letzten Teil unseres Spiels in die Wohnung zu verlegen, aber das gelang uns nur unter größten Schwierigkeiten. Wir gaben wirklich Vollgas und liebten uns die ganze Nacht. Das Mädchen war das allergrößte für mich, ich war total verknallt. Wir krochen erst am nächsten Nachmittag um vier Uhr aus den Betten. Ich hatte ihr meine Gefühle offenbart, und sie hatte sie erwidert. Es hatte gefunkt, es war Liebe auf den ersten Blick.

Ich vernachlässigte meinen Job, telefonierte viel mit ihr, holte sie von der Arbeit ab – sie war Friseuse –, schenkte ihr Blumen und vieles mehr. Sie zog dann schließlich zu mir. Aber damit fingen die Probleme an. Ich arbeitete weiter als Callboy, und sie wußte auch, daß das mein Haupterwerb war, aber sie versuchte immer wieder, mich da rauszuholen. Ich wollte mich jedoch nicht davon abbringen lassen. Schließlich stellte sie mich vor die Wahl: Sie oder mein Job.

Sie konnte es einfach irgendwann nicht mehr ertragen. Ich hatte mir eine zweite Telefonleitung legen lassen, aber sie bekam natürlich viel von den Telefongesprächen mit. Man muß bei diesen Anrufen einfach viel Süßholz raspeln, und das zu hören, tat ihr natürlich weh. Sie dachte dann wohl, sie könnte es mir mit gleicher Münze heimzahlen. Ich erfuhr durch einen Arbeitskollegen von ihren Eskapaden und bekam einen heißen Tip. Dann sah ich sie da sitzen, engumschlungen mit einem Kerl knutschend. Ich verpaßte dem Typ ein paar Maulschellen, und beide flüchteten zum Hauptbahnhof. Mit dem nächsten Zug fuhr sie zu ihren Eltern. Ich observierte sie die ganze Zeit und verfolgte sie, fuhr zu ihren Eltern und stellte sie dort zur Rede. Da erzählte sie dann natürlich die Wahrheit über mich, und ihr Vater flippte aus und würgte mich. Er war Metzger und ein ehemaliger Fremdenlegionär. Er nahm sich ein riesiges Fleischermesser, setzte es mir an den Kehlkopf und ritzte auch schon ein bißchen, als ich ihn provozierte: »Na los, stich doch zu, du hast ja bei der Fremdenlegion auch Kamele abgeschlachtet, da wird es dir ja wohl nichts ausmachen, mir das Messer in den Hals zu rammen!«

Er würgte und schüttelte mich, bis mir Mariannes Mutter zu Hilfe kam. Er ließ daraufhin von mir ab, trat mich aber noch die Treppe hinunter, so daß ich am ganzen Körper grün und blau war. Ich brüllte nach Marianne, weil ich noch einmal mit ihr reden wollte, aber die Chance wurde mir nicht gegeben. Ich fuhr nach Hause, holte mir Rasierklingen aus dem Bad legte mich ins Bett und schnitt mir die Pulsadern auf. Leider packte ich es nicht richtig an, denn ich ritzte quer. Es fing zwar ziemlich stark zu bluten an, aber irgendwann hörte die Blutung auf. Ich ging dann ins Bad und ließ Wasser über die Wunden laufen. Daraufhin blutete es noch ein bißchen. Danach würgte ich mir Tabletten rein, legte mich ins Bett und ritzte weiter an den Pulsadern. Nach etlichen Stunden, ziemlich früh am Morgen, kam Marianne mit ihrem Vater zu mir, um ihre Sachen abzuholen. Wenn sie etwas später gekommen wären, hätte ich es geschafft! Der Sanitäter meinte später, noch eine Stunde länger, und es wäre aus gewesen mit mir. Der Alte rannte zum Telefon und rief den Rettungswagen. Die Polizei kam auch gleich mit – das ist wohl bei Selbstmordversuchen so üblich –, und man karrte mich aus der Wohnung raus. Ich bekam davon nichts mit, bin erst im Krankenhaus aufgewacht. Ich hörte dort etwas von »geschlossener Abteilung« und rief nach dem Vater von Marianne. Ich sagte ihm, daß ich in meinem Leben zugegebenermaßen viel Mist gebaut hätte, aber er solle zusehen, daß ich nicht in die geschlossene Abteilung kam. Wir schlossen dann im Krankenhaus einen Kompromiß: Er half mir, dafür half ich Marianne. Ich mußte alles aus unserer Wohnung an Marianne abtreten, weil sie für mich ihre eigene Wohnung aufgegeben hatte. Als ich aus dem Krankenhaus entlassen wurde, fuhr ich dann zu ihm und unterschrieb die Vereinbarung vor Zeugen. Damit hatte ich nichts mehr, nur ein leeres Apartment. Ich ging gar nicht mehr in das Apartment zurück, bezahlte auch die Miete nicht mehr und stellte die Rückzahlung der Kredite für die Wohnungseinrichtung ein. Ich besorgte mir bei einem Kumpel und bei meinem Vater, der immer ziemlich starke Tabletten schluckte, neue Pillen. Wegen meiner verbundenen Handgelenke erzählte ich überall, daß ich eine Sehnenscheidenentzündung hätte. Mit den Tabletten ging ich in den Keller eines Hochhauses und schluckte alle. Aber mein Körper wollte das irgendwie nicht, denn ich erbrach mich. Ab diesem Moment lebte ich auf der Straße.

Ich wanderte ziellos durch die Straßen, denn in die alte Wohnung wollte ich partout nicht mehr zurück. Ich versuchte, bei Freunden unterzukommen, das war auf Dauer nicht möglich.

Ich begab mich in die bekannte Stricher-Szene, weil ich dort ein paar Leute kannte, mit denen ich soff. Das Geld wurde natürlich immer knapper, schließlich hatte ich gar nichts mehr. Um an ein paar Mark zu kommen, fuhr ich sogar mit ein paar Kumpels zur Uni-Klinik und spendete Blut. Damit konnte ich wieder saufen: Ich rutschte immer mehr ab, geschlafen habe ich zeitweise bei einem schwulen Wirt. Aber das wollte ich dann auch nicht mehr, weil er Annäherungsversuche machte. Ich kam mir in meiner Situation komisch und dumm vor und wollte niemandem zur Last fallen. Vor allem wollte ich auch niemandem in den Arsch kriechen müssen, denn angebiedert habe ich mich noch nie. Nach Hause zu meinem Vater konnte ich auch nicht, weil er gerade selber ganz enorme Probleme hatte, und zu meinem Bruder hatte ich zu der Zeit überhaupt keine Verbindung. Ich hatte eigentlich immer Kontakt zu ihm gesucht, aber er konnte meine Lebensweise – obwohl er gar nicht genau wußte, was ich mache – nicht akzeptieren.

Ich soff also immer mehr, hatte auch keine Möglichkeit, irgendwo zu schlafen, weil ich langsam lästig wurde. Man sagte mir das zwar nicht direkt, aber ich merkte es schon, wenn ich nicht mehr gelitten war. Ich hatte aber auch keine Lust, mit irgendwelchen Kerlen in die Kiste zu springen, um dann dort übernachten zu können. Ich ließ mich also immer mehr gehen, sackte ab. In der schönen Jahreszeit schlief ich in Parks, ging dann morgens zu McDonald‘s oder in andere anonyme Läden, um mich frisch zu machen. Ich hatte ja nichts mehr, nur das, was ich am Leibe trug.

Ich lebte wie in Trance. Nach meinem ersten Selbstmordversuch bin ich gar nicht richtig wach geworden. Ich wollte mich auf die eine oder andere Art kaputtmachen. Es war auch eine Art Selbstbestrafung, weil ich anfing, mich und meinen Körper zu hassen. Ich begegnete ein paar Kumpels aus dem Lehrlingsheim, die, nachdem das Haus geschlossen wurde, jeglichen Halt verloren hatten und ins Penner-Dasein abgerutscht waren. Sie zeigten mir dann auch, wo man etwas zu essen bekam, und wir gingen dann zusammen zu den verschiedenen kirchlichen Einrichtungen. Ich trank damals alles, Hauptsache, es war Alkohol und die Sinne wurden benebelt. Ich wollte gar nicht mehr aufwachen. Ich war so weit, daß ich für eine Flasche Mariacron irgendeine Alte durchgenagelt hätte. Die anderen Jungs schlossen Wetten ab, ob ich es tun würde oder nicht. Ich bin aber froh, daß es dazu nicht kam, denn ab und zu ließen sich auch alte Bekannte in meiner Stammkneipe blicken. Die nahmen mich zur Seite, schüttelten mich durch und meinten, ich hätte das doch nicht nötig. Aber ich wollte nicht darüber reden und auch nicht mit ihnen diskutieren. Das ging ungefähr ein knappes Jahr so. Ich war mehr blau als bei Sinnen. Ich hatte nie Kohle, aber das interessierte mich auch nicht, denn irgendwie traf man immer jemanden, der ein paar Mark übrig hatte. Mit dem Wäschewechseln war es natürlich problematisch. Einmal besuchte ich meinen Bruder und pumpte ihn um fünf Mark an, schlief dann auch bei ihm. Er wollte mich aber schnell wieder loswerden, weil er eine feste Beziehung hatte. Ich lieh mir dann morgens ein paar frische Klamotten von ihm. Das war für mich kein Diebstahl, da er ja mein Bruder war. Wenn es draußen kalt war, habe ich in irgendwelchen Hochhauskellern geschlafen. Davon gab es in meiner Heimatstadt genügend, und ich wußte, wo man problemlos reinkam. Manchmal schlief ich auch in Treppenhäusern, wo man allerdings zwischendurch auch rausgeschmissen wurde. Manchmal soff man einfach auch die Nacht durch. Ich verkehrte nicht mit alten Pennern, sondern mit verhältnismäßig jungen Leuten, eine kleine Clique von früher, zu der aber auch Fremde gestoßen waren. Es waren auch viele Knackis mit von der Partie, die mit ihrem Leben nicht klarkamen. Es gab natürlich auch manchmal Schlägereien, aus denen ich mich aber raushielt. Deshalb war ich verhältnismäßig gern gesehen und hatte oft Freisaufen.

Ich lernte einen Mann aus Ostdeutschland kennen, der mich mit zu sich nach Hause nahm. Den Strom hatten sie ihm abgestellt, er lebte in einer Rumpelkammer. Die Hauptsache für ihn war, daß er etwas zu saufen hatte. Ich ging mit ihm auch ab und zu in Lebensmittelgeschäfte, wo er den Schnaps klaute und ich Schmiere stand. Dabei schwitzte ich jedesmal Blut und Wasser. Wenn es geklappt hatte, waren wir natürlich happy und brannten uns einen. Eines Tages beschlossen wir dann, etwas Größeres zu machen. Wir schlugen an der Rückwand eines Kiosks zwei Nächte lang mit Stemmeisen, Hammer und Meißel Steine heraus und konnten so durch ein kleines Loch in den Kiosk einsteigen. Wir hatten – bis auf zwei Tüten – alles leergeräumt, aber mein Kumpel war gierig und wollte den Rest auch noch haben. Das war ein Gang zuviel: Wir wurden von der Polizei erwischt. Ich hatte unglaubliche Angst, weil ich mir nie hatte vorstellen können, einmal im Knast zu landen. An dem ersten Abend in Untersuchungshaft ging es noch einigermaßen, weil ich angetrunken war. Als ich dann aber nüchtern war, brach die Wahrheit über mich herein, und ich heulte Rotz und Wasser. Ich saß zwei Tage und zwei Nächte in Arrest, weil ich keine Personalien angeben wollte. Ich dachte, die Bullen könnten mir nichts anhaben, wenn ich ihnen meine Identität nicht preisgab. Aber nachdem sie mich so lange schmoren ließen, bekam ich es mit der Angst zu tun und bat sie, meinen Vater zu holen. Der kam dann auch, und ich befürchtete ein höllisches Donnerwetter, denn er hatte uns immer gewarnt: »Ihr könnt alles machen, nur zwei Dinge nicht: einem Mädchen ein Kind anhängen und klauen.«

Also hatte ich natürlich Angst. Aber als er kam, drückte er sich an mich und sagte nur: »Du bist ein dummer Junge.«

Er gab bei der Polizei an, daß ich bei ihm schlafen würde, und holte mich aus dem Gefängnis raus. Ich blieb tatsächlich ein paar Tage bei meinem Vater, aber es war die Hölle. Er machte mich fertig, beschimpfte mich, warf mir vor, ich käme auf meine Mutter. Die Situation eskalierte schließlich: Er ging mir an die Gurgel und würgte mich derart, daß meine Großmutter dazwischengehen mußte und einen Besenstiel auf seinem Kreuz zerschlug. So hat sie mich in letzter Sekunde gerettet. Wochen später waren noch die Würgemale an meinem Hals zu sehen. Mit den Worten: »Ihr könnt mich alle mal!« haute ich ab.

Ich kehrte zurück zu meiner Anlaufstelle für Suff und Exzesse, einer der Plätze, an denen gesoffen wurde. Ich hatte immer noch die Hoffnung im Kopf, daß alles wieder in Ordnung kommen würde, auch mit Marianne. Wir trafen uns noch einmal, als ihre Eltern in Urlaub waren, verabredeten uns zum Essen. Es war zuerst alles sehr nett, aber dann fing sie an, Bedingungen für den Fall, daß wir wieder zusammenzögen zu stellen, und darauf hatte ich überhaupt keine Lust – ich brauchte einfach meinen Freiraum. So zerschlug sich die ganze Sache wieder. Ich wollte außerdem wissen, was sie mit meinen ganzen Sachen gemacht hatte, weil darunter auch viele persönliche Dinge gewesen waren. Sie antwortete, daß sich ihr Vater darum gekümmert hätte. Sie war richtig kalt, und ich erfuhr später, daß sie schon als Teenager fünfunddreißigjährige Männer gehabt hat. Sie war also nie ein Kind von Traurigkeit.

Einige Zeit später traf ich einen ehemaligen Kollegen aus dem Lehrlingsheim wieder. Der war über meine Verfassung entsetzt: »Du mußt raus aus diesem Sumpf, laß dich nicht so gehen! Ich hätte vielleicht einen Job für dich, wo du schwarz auf Montage arbeiten könntest. Mit diesem Geld kannst du dir dann eine neue Wohnung leisten.«

Ich nahm sein Angebot an. Schon als ich im Zug saß, um zur Baustelle zu fahren, fing die Sauferei wieder an. Ich saß nur mit Säufern im Abteil. In der fremden Stadt angekommen, ging man erst einmal in die Kneipen. Am nächsten Morgen begann die Arbeit. Angefordert waren wir als Hilfsschlosser, tatsächlich mußten wir aber zehn Stunden am Tag saubermachen. Das lag mir natürlich überhaupt nicht. Wir wurden wie Tagelöhner bezahlt und wohnten in einer besseren Absteige.

Wir waren ungefähr sechs, sieben Jungs und gingen nach der Arbeit zusammen in eine Disko. Hier entdeckte ich ein Mädel auf der Tanzfläche und dachte sofort: »Die sieht so toll aus, bei der habe ich bestimmt überhaupt keine Chance.« Langsam näherte sich die Sperrstunde, und ich wurde immer nervöser, weil ich dieses Mädel unbedingt kennenlernen wollte. Schließlich kam der rettende Blues, und ich ging auf die Tanzfläche. Ich fragte sie gar nicht erst, sondern ging einfach auf sie zu, nahm sie und tanzte mit ihr Blues. Das fand sie scheinbar gut, und ich war Feuer und Flamme. Ich muß dazu sagen, daß sie mich stark an Marianne erinnerte.

Ich war total aus dem Häuschen, redete auch gar nicht, sondern versuchte ihr mit Gesten zu zeigen, daß ich sie toll fand. Ich fragte sie, ob sie mit zu mir käme, und sie war einverstanden. Wir schliefen zwar zu drei Kollegen auf meinem Zimmer, aber das konnte man irgendwie deichseln. Sie stieg dann mit mir in den VW-Bus, mit dem wir immer zur Arbeit fuhren. Auf der Rückfahrt in unsere Pension liebten wir uns in dem Bus vor den ganzen Jungs. Wir bekamen nichts von dem mit, was um uns herum vorging. In der Pension fielen wir erneut übereinander her – ich hatte ein starkes Nachholbedürfnis. Schließlich schlief ich erschöpft ein, wachte am nächsten Morgen zu spät auf: Ute war weg und ich total fertig. Ich kam zu spät zur Arbeit und wurde deshalb ganz schön zusammengestaucht.

Ich konnte den Feierabend kaum erwarten, denn ich wollte das Mädchen unbedingt wiedersehen. Ich hatte auf einmal auch gar keine Lust mehr auf Alkohol. Doch als ich am Abend in die Diskothek kam, war sie nicht da und ich am Boden zerstört. Ich wartete und wartete und endlich – so gegen halb eins – erschien Ute. Ich ging gleich auf sie zu, aber sie schubste mich leicht zur Seite und sagte: »Hau bloß ab, sonst bekommst du höllischen Ärger. Ich kann dir im Moment nicht mehr sagen.«

Ich ging zur Seite und sah, daß ihr zwei langhaarige, goldbehangene Stenze folgten. Ich wartete erst einmal ab. Nach einer Stunde verließen die Zuhälter den Laden.

Sofort stellte ich sie zur Rede: »Was läuft hier eigentlich?«

Ute erklärte mir: »Ich bin verheiratet und von meinem Mann abgehauen. Weil ich nicht wußte, wohin, habe ich ein paar Nächte bei einem dieser Typen geschlafen. Ich wußte ja gar nicht, daß er ein Zuhälter ist. Das habe ich erst kapiert, als er mir einen Brilli und eine Rolex versprach.«

»Laß bloß die Finger von dem Typ. Komm am besten gar nicht mehr hier hin«, riet ich ihr. »Vor allem: Laß dir bloß keinen Schmuck schenken. Das mußt du später alles doppelt und dreifach wieder reinarbeiten.«

Sie sah das ein und sagte, sie wollte versuchen, bei ihren Kusinen unterzukommen.

Wir gingen an dem Abend wieder in meine Pension und zogen das eine Woche lang durch. Tagsüber arbeitete sie als Chefsekretärin bei einem großen Unternehmen, hatte aber Rechtsanwalts- und Notariatsgehilfin gelernt. In ihrer Ehe wurde sie total unterdrückt. Sie heiratete mit knapp achtzehn Jahren, mußte den ganzen Tag arbeiten, abends noch in der Wohnung schuften, und dann sollte sie für ihren Mann noch die Beine breit machen, ihm auch einen blasen, obwohl ihr davor ekelte. Außerdem schlug er sie. Deshalb war sie von zu Hause weggelaufen.

Nach einer Woche mußten wir Abschied nehmen – meine Zeit auf Montage war um. Aber sie ließ mich nicht so einfach gehen. Sie wollte meinen Personalausweis sehen, weil sie vorhatte, mich zu besuchen. Ich fuhr also zurück. Ich konnte auch weiterhin bei dem Kumpel wohnen, der mir den Job besorgt hatte.

Nach vierzehn Tagen meldete ich mich für den Montagejob, aber sie nahmen mich nicht, denn sie brauchten diesmal nur eine kleine Gruppe. Ich war natürlich total fertig. Ich konnte meine neue Freundin telefonisch nicht erreichen und sie mich auch nicht. Ich gab den Jungs einen Brief für sie mit und gab ihnen zu verstehen, daß sie die Finger von ihr zu lassen hätten. Ich wollte unbedingt den Job haben und redete auf meinen Kumpel ein, mich auf jeden Fall bei der nächsten Tour mitzunehmen. Das versprach er mir hoch und heilig, und er hielt sein Versprechen auch. Ich war bei der nächsten Tour dabei, aber mittlerweile waren sechs Wochen vergangen, und in sechs Wochen kann viel passieren. Vor Ort ging ich in die Diskothek, wo wir uns das erste Mal getroffen hatten. Wie sich später herausstellte, verkehrten dort viele aus dem Milieu.

Ute war sehr komisch, leicht verängstigt, irgendwie anders. Als ich sie kennenlernte, war sie normal, eher konservativ gekleidet. Jetzt war sie viel aufreizender angezogen, total figurbetont. Sie trug auch eine andere Frisur und war stärker geschminkt. Sie hatte sich irgendwie geändert, und da roch ich den Braten schon. Sie beichtete mir, daß sie für den einen Stenz anschaffen ging. Ich hätte mich ja nicht gemeldet, und sie konnte nicht die ganze Zeit auf mich warten. Und eigentlich wäre der Stenz auch ganz nett, und sie hätte auch mit ihm geschlafen. Ich war am Boden zerstört.

Ich überlegte, was ich machen könnte. Ich war drauf und dran, den Stenz fertigzumachen, aber irgendwie fehlte mir die innere Motivation. Ich trank außerdem immer noch – wenn auch weniger – und war daher in schlechter Verfassung und noch nicht optimal trainiert. Ich arbeitete eine Woche lang und versuchte immer wieder, sie zu sprechen. Das stellte sich aber als sehr schwierig heraus, denn in dieser Disko kannte jeder jeden und Ute hatte Angst, daß sie Schwierigkeiten bekommen würde. Wir konnten uns nur dort sehen, ein Rendezvous außerhalb der Disko stand außer Frage. Ich wäre gern mit ihr abgehauen, aber wir hatten ja kein Geld. Sie hatte zwischenzeitlich ihren seriösen Job geschmissen, weil sie im Nachtgeschäft tätig war. Das Anschaffen an sich fand ich gar nicht mal so schlimm – das hätte ich ja früher auch gemacht. Es ging darum, daß sie für einen Stenz anschaffte. Der wollte nur eins: sie ausbluten lassen, bis sie fertig war. Mein Vater hatte mir oft erzählt, wie es im Milieu zuging. Ich fuhr dann ohne sie zurück nach Hause. Dort hatte ich keine feste Bleibe, nichts. Ich versuchte noch einmal, in der alten Firma vorzusprechen, aber eine dritte Chance wollten sie mir nicht geben. Wenn ich wenigstens einen Job gehabt hätte! Ich fuhr wieder mit meiner Putzkolonne in den Süden. Diesmal war aber alles ganz anders. Ich sonderte mich von der Gruppe ab und trank keinen Alkohol mehr. Ich hatte einen Plan, wie ich sie aus dem Milieu rauskriegen konnte. Eigentlich widerte sie das Anschaffen an, aber sie hatte keinen Halt, weil alle Familienmitglieder sich gegen sie gewandt hatten. Ich fand das unfair, aber Utes Mutter war streng katholisch und der Ansicht, sie müsse ihrem Mann gehorchen. Ich arbeitete die Woche über und ließ mir nichts anmerken. Abends ging ich in diesen Tanzschuppen, um mit ihr zu reden. Ich sagte ihr, daß ich sie aus dem Milieu rausholen wollte und fragte, ob sie nicht jemanden kannte, bei dem wir für eine Weile untertauchen konnten. Leider kannte sie niemanden, und deshalb wollte ich sie in meiner Pension unterbringen, die außerhalb der Stadt lag. Ich ließ mir von ihr den Namen des Clubs nennen, in dem sie arbeitete.

Eines Abends fuhr ich in den Club, um den Stenz zur Rede zu stellen. Ich hatte das alles genau geplant, mir sogar in einem Heimwerkermarkt eine Axt gekauft, weil ich dachte, ich müßte mit der entsprechenden Härte auftreten. Meistens sind die Zuhälter nämlich auf die eine oder andere Art bewaffnet, oder ihre Aufpasser hocken herum. Aber beim ersten Anlauf hatte ich solches Muffensausen, daß ich wieder umkehrte und mir dachte: Das mußt du irgendwie anders anpacken! Beim nächsten Mal zog ich mir eine dicke Jacke an. Die Axt versteckte ich darunter, nahm meinen ganzen Mut zusammen und marschierte in den Puff. Aber dort war kein Stenz zu sehen. Meine Ute stand hinter dem Tresen.

Dieser Club hörte zu den nobleren und hatte schon etwas wie Ambiente. Ute war Geschäftsführerin und das Extra-Bonbon für viele Kunden, denn sie hatte optisch am meisten zu bieten. Sie erzählte mir später, daß sie so angefangen hätte, nämlich lediglich als Barfrau. Sie verdiente an den Getränken, die sie verkaufte, bis der Stenz sie sich zur Brust nahm und sie in das eigentliche »Geschäft« einwies. Sie sollte sich etwas anderes anziehen, es sei der Tag gekommen, wo sie etwas mehr bringen müsse, und außerdem könne sie auch viel mehr Kohle machen, wenn sie mit den Kerlen ins Bett stieg. So ist sie dann zur Prostituierten gemacht geworden.

Ich war also im Club und kein Stenz war zu sehen. Aber ich wußte, daß sie auftauchen, wenn Feierabend ist und abgerechnet wird. Es war ungefähr ein Uhr, so langsam schloß das Etablissement. Da tat sich die Tür auf, der Stenz kam in Begleitung eines Handlangers herein, und beide gingen nach oben. In mir brodelte es, und ich stürmte gleich hinter ihm die Treppe hoch, stürzte mich – ohne groß zu reden – auf ihn, packte die Axt aus, setzte sie ihm an den Hals und brüllte: »Du Schwein! Von dem Mädel, das da drüben sitzt und für dich arbeitet, läßt du gefälligst die Finger!«

Ich kochte, und er zitterte am ganzen Körper. Wenn ich Haß verspüre, dann ist mir alles egal. Er sah in meine haßerfüllten Augen und spürte, daß ich fähig war, die Axt durchzuziehen. Da saß Ute, die ich abgöttisch liebte und die für so ein Schwein laufen mußte, und vor mir stand nun der Stenz. Er forderte mich auf, mit dem Mist aufzuhören, fragte mich, wer ich überhaupt sei, ob ich ihr Mann sei und was überhaupt los sei. Ich brüllte zurück, ich käme aus dem Rheinland und wäre nicht der einzige hier. Er solle das Mädel in Ruhe lassen, es gehöre mir. Der Aufpasser verdrückte sich gleich, die anderen Mädchen schrien oder beschimpften mich. Ich rief Ute zu, sie solle ihre Sachen packen und mitkommen. Vorher hatte ich schon mit ihr besprochen, daß sie die Kasse mitnehmen sollte, weil wir die Knete brauchten. Sie schnappte sich ihre Sachen, packte die Kasse in ihre Klamotten, und dann sind wir aus dem Club auf die Straße gerannt. Sie zog die Pumps aus, wir liefen in Richtung Innenstadt, schnappten uns das nächste Taxi und fuhren in meine Pension. Dort mieteten wir ein Zimmer und verließen es zwei Tage und Nächte nicht. Wir vergaßen alles um uns herum und waren froh, daß wir zusammen waren.

Nun mußten wir schleunigst aus der Stadt verschwinden. Zwar waren in der Kasse des Clubs dreieinhalbtausend Mark, was dem Zuhälter sicher weh getan hat, aber das Geld reichte dann doch nicht für einen neuen Start. Ute schaffte es, mit ihrem Arbeitsvertrag bei der Deutschen Bank einen Kredit zu bekommen. Ich frisierte die Lohnbescheinigungen – darin bin ich Spezialist – und so hatten wir dann weitere viertausend Mark zusammen. Wir fuhren in eine größere Stadt, wo man besser untertauchen konnte. Drei bis vier Wochen lang lebten wir nur in Hotels, die wir häufig wechselten. Die billigsten kosteten damals zwischen siebzig und achtzig Mark für eine Übernachtung im Doppelzimmer. Dazu kamen dann noch die Kosten für Essen und Kleidung. Ute hatte ja alles in der Wohnung ihres Exmannes gelassen, und in ihre Stadt zurückzufahren erschien uns als viel zu gefährlich. So blieben wir erst einmal, wo wir waren. Ute rief irgendwann bei den Mädels an und wurde gewarnt: Sie solle nicht wiederkommen, es sei die Hölle los: Die

Stenze suchten sie überall, seien auch bei ihrem Exmann gewesen, aber der wußte natürlich überhaupt nichts. Wir wollten uns zuerst eine Wohnung nehmen, aber das war schwierig, weil man einen Verdienstnachweis oder eine Arbeitsbescheinigung brauchte. Wir konnten hier absolut keinen Fuß fassen, und ich hatte Angst, vor die Hunde zu gehen. Deshalb wollte ich zurück in meine Heimatstadt.

Ute rief in unserer Not einen ehemaligen Kunden aus dem Club an. Dieser hatte ihr erzählt, er wolle eine Peep-Show in Spanien eröffnen und suche noch eine Geschäftsführerin. Sie fragte ihn, ob sie den Job haben könne und ob er auch noch Verwendung für ihren arbeitslosen Bruder habe. Der Kunde sagte zu, und so reisten wir mit dem Zug nach Lloret de Mar. Dort wurden wir in einer schäbigen Absteige untergebracht und am nächsten Tag mit einem Wagen abgeholt. Man fuhr uns ein paar Kilometer durch die Gegend an den Stadtrand von Lloret und brachte uns in eine Kaschemme, von der ich nie geglaubt hätte, daß darin eine Peep-Show stattfand. In dem Laden arbeiteten drei Spanierinnen. Der Besitzer teilte uns gleich mit, daß er für mich keine Verwendung hätte. Ute dagegen könne gleich mit der Arbeit anfangen. Doch von der Geschäftsführung war plötzlich keine Rede mehr: Ute mußte »Programm« schieben. Für umgerechnet nicht einmal fünfunddreißig Mark sollte sie sich flachlegen. Dafür hatte uns dieser Schweinehund also nach Spanien gelockt. Ich schlug natürlich sofort Krach, doch wir hatten keine Wahl. Pro Abend verdiente Ute mit Ach und Krach vierzig Mark. Ein halbes Jahr lang vegetierten wir nur so dahin, konnten nicht einmal vernünftig essen. Wir besuchten sogar die Spielsalons, um dort unsere wenigen Peseten zu verdoppeln. Schließlich beschlossen wir, den Spieß umzudrehen und den Besitzer ordentlich abzuzocken.

Ute begann, ihrem Chef Avancen zu machen, bis er richtig heiß auf sie wurde. Ein paar Tage vor Weihnachten war es dann soweit. Sie verabredete sich mit ihm zum Abendessen, und ich, ihr Bruder, begleitete sie. Wir füllten ihn gut ab und gingen danach mit ihm in sein Haus, das an einem Steilhang direkt über dem Meer lag. Ute verzog sich mit ihm nach oben in sein Schlafzimmer. Während sie sich mit ihm beschäftigte, durchwühlte ich unten das Haus. Während er seinen Rausch ausschlief, machten wir uns mit seiner Barschaft und Proviant für unterwegs aus dem Staub. Wir klauten ihm umgerechnet eintausendzweihundert Mark, was ich für durchaus angemessen halte, wenn man bedenkt, wie er uns ausgenutzt hatte. Ich hatte in meiner Wut viel zuviel Proviant mitgenommen, und wir konnten, da wir zu Fuß unterwegs waren, gar nicht alles tragen. Deshalb befreite ich mich schon bald von dem Ballast. Wäre ich damals Auto gefahren, hätte in dem Haus kein Mobiliar mehr gestanden.

Der Kerl hat uns zwar nie angezeigt, aber Ute fing sich bei ihm einen Tripper ein. Später erfuhr ich, daß der Laden zugemacht worden ist. Vielleicht war er auch nie richtig zugelassen, denn es war ja kein Peep-Show-Laden, sondern ein richtiger Bumsschuppen. Wer weiß, was aus Ute geworden wäre, wenn ich nicht dabeigewesen wäre.

Wieder Stricher und Callboy

Als wir wieder in Deutschland ankamen, war das Geld fast aufgebraucht, und eine Wohnung hatten wir immer noch nicht. Vor allem kannte ich mich in der Stadt, in der wir waren, nicht aus. Die Frage war: Wie kommen wir an Geld? Ich wollte natürlich nicht, daß mein Mädel in irgendeiner Form noch mal anschaffen geht – dafür war sie mir viel zu schade. Ich war in dem Bereich viel routinierter und auch abgestumpfter als sie und beschloß daher, wieder als Stricher tätig zu werden. Ich ging in die Bahnhofs- und Innenstadtgegend, um alles ein bißchen zu durchleuchten, mußte aber feststellen, daß es nicht so einfach war wie in meiner Heimatstadt. Ich traf dann endlich, nach längerem Suchen, einen Insider, der mir einen Tip gab, wo ich als Stricher Geld verdienen konnte. Ich ging dann in die entsprechenden Lokalitäten, die sich alle in der Nähe des Hauptbahnhofes befanden. Ute wußte Bescheid und fand es letztendlich auch gar nicht so schlimm. Ich sagte ihr auch, daß ich mit meinem Herzen und meiner Seele ganz woanders war, wenn ich mit einem Kunden schlief.

Anfangs lief das Geschäft etwas schleppend, aber dann sprach es sich herum, daß es einen Blondie gab, der sehr nett war. Vor allem mein Dialekt kam unwahrscheinlich gut an. Natürlich waren Ekelgefühle dabei, aber ich wußte ja, wofür ich es machte. Ich schaffte in kurzer Zeit ziemlich viel

Geld heran: In drei Monaten hatte ich eine fünfstellige Summe zusammen. Ich bekam zusätzlich zu meinem ausgehandelten Preis immer ein gutes Trinkgeld, weil ich den Schwulen und Geschäftsleuten erklärte, wofür ich das Geld brauchte und daß ich im Grunde hetero war. Aber drei bis vier Typen mußte ich am Tag schon abschleppen, sonst wäre ich nie auf so eine Summe gekommen. Endlich konnten wir von dem Geld eine kleine Wohnung beziehen.

Meine Kunden waren wieder zu achtzig Prozent Familienväter, die eigentlich gar nicht richtig schwul waren. Der Großteil der Männer war mit einer Handmassage zufrieden, ganz selten mußte ich mal einen blasen, aber das machte ich nur mit Präservativ. Viele waren auch einfach nur neugierig, deshalb entsprechend ängstlich und zurückhaltend, so daß ich die führende Rolle übernahm. Meistens ging ich mit den Männern ins Hotel, teilweise nahm ich sie mit nach Hause. Das waren dann die richtigen Schwulen, die nichts zu verbergen hatten.

Ute wußte über alles genau Bescheid, aber es machte ihr nichts aus, sie war nicht eifersüchtig, und sie ekelte sich auch nicht vor mir. Das ist auch überhaupt nicht nötig, denn Berührungen kann man schließlich abwaschen. Man duscht sowieso nach jedem Kunden, und wenn man in dem Geschäft tätig ist, hat man ein viel größeres Reinlichkeitsbedürfnis als normale Menschen. Meine Seele reinigte ich immer, wenn ich mit Ute über meine Erlebnisse sprach. Wenn wirklich etwas Extremes vorgefallen war, erzählte ich es ihr natürlich nicht. Einer wollte beispielsweise von mir gewürgt werden, und zwar so lange, bis er ejakulierte. So etwas war für mich bis dahin unvorstellbar gewesen. Aber das waren Ausnahmen. In der Regel sind die Männer einfacher zu handhaben als Frauen: ein bißchen

Kuscheln, ein bißchen Handmassage, und das ist es dann auch schon.

Für einen Homosexuellen ist es natürlich das Größte, einen Heterosexuellen zu bekommen, der dazu noch gut aussieht. Ich hab eigentlich nie Probleme mit Homosexuellen gehabt. Viele von ihnen sind sehr lieb. Ich könnte mir sogar vorstellen, mit einem Mann, wenn es der Richtige ist, im Bett zärtlich zu sein. Ich bin für alles offen. Vielleicht liegt das aber auch an meinem Job, der mich, wie jeden anderen auch, langsam kaputtmacht. Je älter ich werde, desto wirrer werden meine Gedanken in dieser Hinsicht.

Kaum hatten wir uns eingelebt, da machte ich einen Fehler: Ich hielt mich im Rotlichtmilieu auf und lernte so einen Barclubbesitzer kennen. Ich sollte mich bei ihm vorstellen, weil er dringend Darsteller für Shownummern in seinem Lokal suchte. Ich nahm Ute mit und sprach dort vor, aber es war dann doch nichts für mich, denn ich sollte ganz nah an der Theke mit einer Frau eine Nummer schieben. Ich war zwar schon ziemlich abgebrüht, aber so eine Art von Auftritt konnte ich mir zu der damaligen Zeit nicht vorstellen. Heute wäre mir das egal. Auf dem Nachhauseweg bemerkten wir einen Benz, in dem ein paar langhaarige goldbehangene Typen saßen. Er fuhr immer auf und ab. Wir nahmen eigentlich gar keine besondere Notiz davon, bis plötzlich neben uns Bremsen quietschten, Türen schlugen und, ehe wir uns versahen, vier Typen um uns herumstanden. Es stellte sich heraus, daß einer von ihnen Teilhaber des Puffs war, aus dem ich Ute herausgelockt hatte. Die Chefs des Clubs waren natürlich stinksauer, weil wir mit der Kasse durchgebrannt waren und den Stenz bedroht hatten. Die vier Kerle versuchten, Ute von mir wegzureißen. Dagegen wehrte ich mich natürlich mit meinen Fäusten, und Ute setzte sich auch zur Wehr: Sie kratzte, schlug und biß um sich. Einem Kerl riß sie sogar die Goldkette vom Hals. Da das Gerangel nicht weit vom Zentrum stattfand, sahen uns natürlich etliche Passanten, Taxi- und Autofahrer zu. Es ging ziemlich laut zu, so daß es den Stenzen langsam unangenehm wurde, und sie ließen mit den Worten von uns ab: »Für uns ist das kein Problem. Wenn ihr glaubt, ihr seid schlau – wir sind schlauer. Wir haben Zeit, wir werden euch finden!«

Sie wollten mein Mädel wiederhaben und es mir heimzahlen. Sie sollte weiter anschaffen gehen, und nicht nur den Kasseninhalt abarbeiten, den sie hatte mitgehen lassen, sondern fest für den Zuhälter Geld ranschaffen. Angeblich hatte er auch schon in sie investiert, das heißt, er hatte ihr ein kleines Goldkettchen und einen kleinen Brillantring geschenkt, und man war der Meinung, daß sie deshalb nicht so ohne weiteres verduften könne. Die vier Kerle ließen zwar von uns ab, observierten uns aber ständig. Permanent ging jemand ein paar Schritte hinter uns her. Wir waren ziemlich nervös, weil wir wußten, daß wir sie nie abschütteln würden, wohin wir auch gingen. Schließlich sagte ich zu Ute: »Diese Rumhetzerei hat keinen Sinn mehr. Wo wir uns auch verstecken – die finden uns sowieso überall. Laß uns doch versuchen, uns mit denen zu einigen.«

Bei der nächsten Begegnung mit den Zuhältern ging ich direkt auf sie zu. Ich gab zu, daß wir Mist gebaut hatten. Ich versuchte, ihnen zu erklären, daß Ute und ich uns schon kannten, bevor er in ihr Leben trat, daß sie damals noch verheiratet und ihre Ehe zerrüttet war. Die Stenze wollten, daß wir uns zu ihnen ins Auto setzten und irgendwo hinfuhren, aber das wollte ich natürlich nicht, denn ich wußte nicht, was die mit uns vorhatten. Wir einigten uns dann darauf, uns in einer neutralen Kneipe zu treffen. Wir setzten uns also in eine Gaststätte. Zunächst spielte sich der Anführer der Truppe mächtig auf, denn er wollte sich vor den anderen drei auch darstellen. Er beklagte sich, daß ich ihn wie einen Idioten behandelt und er dadurch sein Gesicht verloren hätte. Immer wollte er wieder rausgehen, um das mit mir auszukämpfen, aber die anderen besänftigten ihn immer wieder. Einer von ihnen kam aus dem Rheinland und legte ein gutes Wort für mich ein: Ich würde mein Versprechen auf jeden Fall halten. Ich wollte aber nicht die Kohle, die ich gerade verdient hatte, rausrücken, weil das Geld für die Rückkehr nach Hause vorgesehen war. Ich versuchte, mich mit ihnen zu arrangieren: »Ihr kriegt ja sowieso raus, wo ich hinziehe und wo ich wohne. Ihr wißt, woher ich komme, und wenn ihr Verbindungen habt, ist es für euch eine Kleinigkeit herauszufinden, wo ich wohne. Ich kann ja nirgends mehr hingehen. Ihr braucht also keine Angst zu haben, daß ich abhaue.«

Ich erzählte ihnen, daß ich vorher als Callboy gearbeitet hatte. Da lachten sie mich erst einmal aus, weil sie sich das nicht vorstellen konnten. Wir einigten uns dann darauf, daß ich im Monat fünfhundert bis tausend Mark zahlen sollte, und zwar per Postanweisung. Ich wollte nicht, daß sie mir Ute wieder wegnahmen und hatte keine Lust, ständig in Angst zu leben. Zur Polizei wollte ich auch nicht gehen, denn wenn die sich auch noch eingemischt hätte, hätte ich wirklich Probleme bekommen. Die Kohle mußte zum Monatsanfang dasein, und zahlte ich nicht, dann mußte ich mit einem Schläger rechnen, der mich oder Ute aufmischen würde. Ich hatte die Adresse des Clubs und überwies das Geld immer dorthin. Den Namen des Zuhälters weiß ich bis heute nicht, denn im Milieu arbeitet man immer mit Decknamen.

Ich arbeitete weiter als Stricher, bis ich genug Geld zusammenhatte. Ich ging jeden Mittwoch und Samstag zum Bahnhof und kaufte mir eine Zeitung. Schließlich geriet ich an einen netten Hausverwalter, dem ich meine Situation erklärte und der mir daraufhin eine Wohnung zusagte. Wir fuhren dann hochmotiviert in die neue Wohnung.

Mit Maklercourtage, Kaution und allem Drum und Dran waren auf einen Schlag zehntausend Mark weg – für nichts. Wir kamen in die Wohnung, und da war absolut nichts, nur alte, vergammelte Tapeten an der Wand. Zum Glück gab es in der Küche wenigstens eine Spüle, einen Kühlschrank und einen alten Zwei-Platten-Herd. Jeder von uns hatte ein kleines Köfferchen mit ein wenig Kleidung, und so fingen wir also an. Das wichtigste für mich war zunächst der Telefonanschluß, denn ich wollte wieder als Callboy arbeiten. Jetzt wollte ich es wissen: Ich hatte Ute versprochen, daß wir endlich aus der Misere rauskommen würden. Sie hatte eine schlimme Kindheit hinter sich, und dazu kamen die Probleme mit ihrer Ehe. Bei mir war auch immer alles schiefgelaufen. Wir wollten jetzt zusammen versuchen, es zu schaffen. Für die erste Nacht kauften wir uns ganz billige Luftmatratzen und deckten uns nachts mit Zeitungen zu. Es war eigentlich eine schöne Zeit, die uns beide sehr geprägt hat. Es war eine Zeit des Zusammenhaltens, und wir bewiesen, daß man sich auch ohne Geld sehr lieb haben kann. Ute hätte mit ihrer Ausbildung wirklich gute Chancen gehabt, hätte jederzeit eine gute Partie machen können, mit Haus und allem, was dazugehört. Sie weiß auch nicht, was sie an mir findet und warum wir uns heute noch so gut verstehen. Wo die Liebe hinfällt ...!

Die erste Nacht in der neuen Wohnung lief ganz gut, die zweite war schrecklich, denn meine Matratze war undicht.

Ich wachte nachts auf, und es war auf der luftleeren Matratze und ohne Teppich kalt. Ich hatte schon bei unserem Einzug unten an den Mülltonnen ein altes zerschlissenes Sofa gesehen, aber Ute wollte es nicht haben. In meiner Not schleppte ich dieses alte Ding mitten in der Nacht nach oben. Es war ein Schlafsofa – unser erstes Möbelstück. Ich brauchte alles Geld für die Miete und die Anzeigen, also richteten wir uns in den ersten zwei Monaten mit Möbeln vom Sperrmüll ein. Wenn ich heute zurückdenke, war es eine arme, aber sehr schöne Zeit. Der extreme Zusammenhalt und das enge Zusammensein hatten auch etwas Romantisches. Ich würde jedem reichen Menschen raten, sich einmal einer solchen Situation auszusetzen. Man lernt unheimlich viel und besinnt sich auf die wahren Werte.

Ich begann Anzeigen zu schalten, aber es ließ sich nur schleppend an. Es kamen kaum Anrufe, und wenn, dann waren nur Schwule am Apparat, und mit Männern wollte ich partout nichts mehr zu tun haben. Ich wollte wieder in das Geschäft als Callboy einsteigen, denn damit hatte ich Erfolg gehabt. Nach zweieinhalb Wochen Durststrecke bekam ich langsam wieder Aufträge, und die Aufträge waren gar nicht so schlecht. Ich war erstaunt, denn zur selben Zeit annoncierten noch zwei, drei andere »Dressmen«. Ich hörte immer wieder von den Kundinnen, sie hätten schon zwei andere Dressmen angerufen, aber meine Art gefiele ihnen besser. Sie reagierten vielleicht positiv auf mich, weil ich nicht gleich anfing, von der Kohle oder irgendwelchen Zeitbeschränkungen zu sprechen. Ich redete mit den Kundinnen über Gott und die Welt, kitzelte erst mal alles aus ihnen heraus. Das Eingehen auf die Menschen ist eigentlich mein Erfolgsrezept, darauf springen Frauen gleich, und ich habe so eine gute Stammkundschaft gewonnen. Die

Dates, die ich dann mit den Frauen hatte, waren eigentlich alle ziemlich normal. Ich mußte allerdings entweder zu ihnen fahren, oder wir gingen in ein bestimmtes Hotel, das über die ganzen Jahre hinweg mein Hotel geblieben ist. Unten spielt sich der normale Puffbetrieb ab, aber ganz seriös und dezent. Ich könnte genausogut ein Freier sein. Die Puffmutti ist auch sehr nett, und es herrscht eine herzliche, fast mütterliche Beziehung zwischen uns. Das Zimmer kostete anfänglich fünfzig Mark, mittlerweile sind es neunzig Mark für zwei bis drei Stunden.

Schließlich kam der Anruf, von dem ich die ganze Zeit geträumt hatte. Zwar war es nicht die Märchenprinzessin, aber was ich hörte, klang sehr interessant. Anfangs war ich sehr skeptisch, denn man hatte mich am Telefon auch schon oft verschaukelt. Da gab es zum Beispiel Frauen, die mir einen Namen und eine Adresse nannten. Ich machte mich dann fertig, fuhr dorthin, aber entweder wurde gar nicht geöffnet, oder es stand da eine wildfremde Person, die von nichts wußte. Das waren dann sogenannte Nullfahrten, die sich zunächst toll anhörten, bei denen aber nichts herauskam. Aber ich lernte ja immer dazu. So fing ich an, eine schwarze Liste mit den unseriösen Kundinnen zu führen. Manchmal wurde man beispielsweise abends in einen Vorort bestellt, aber es machte niemand auf. Man sah aber genau, daß sich der Vorhang etwas bewegte. Die Frauen wollten wohl wissen, ob ich ihr Typ war oder wie ich aussah. Manche hatten vielleicht auch einfach Angst.

Anfangs war ich auch noch nicht so routiniert, bei der Auskunft anzurufen, um zu überprüfen, ob es den Teilnehmer überhaupt gab.

Auf die schwarze Liste kamen aber auch schwierige Frauen. Einmal fuhr ich zu einer Frau, die am Telefon darauf bestanden hatte, daß ich ihr eine Flasche Cognac mitbrachte. Angeblich konnte sie schlecht aus dem Haus, weil ihr Mann mit dem Wagen auf Geschäftsreise war. Ich bin dann guter Dinge mit der Flasche Cognac zu ihr gefahren. Sie machte die Tür auf, und vor mir stand eine Frau mit fettigen, schmierigen Haaren, blutverkrusteter Nase, einem alten, zerfetzten Nachthemd, zahnlos und mit einer Fahne, die man schon auf fünf Kilometer Entfernung roch. Ich bin kurz in die Wohnung gegangen. Es herrschte das totale Chaos, überall lagen alte Schecks herum. Bei ihr qualmte wahrscheinlich schon das Konto, und sie hatte keine Kohle. Also drückte ich ihr die Flasche in die Hand und schlug vor, sie solle sich den Cognac in den Kopf knallen, darum sei es ihr ja wohl gegangen und nicht um mich.

Zurück zu dem entscheidenden Anruf. Sie stellte sich als eine Frau mit einer gewissen Position im Leben vor, außerdem habe sie auch Verbindung zu anderen Frauen. Sie fragte mich, ob ich nicht Interesse hätte, für sie tätig zu werden. Wie sich herausstellte, besaß sie einen sehr noblen Nachtclub mit VIP-Raum, in dem durch die Hintertür auch Politiker und Promis kamen. Sie wollte mich gerne kennenlernen, am besten gleich bei einem kleinen Date. Sie hatte vor, meine Standfestigkeit zu testen. Als ich dann zu ihr kam und diesen ganzen Prunk und Protz sah, war ich erst einmal total aus dem Häuschen. Ich dachte nur: Jetzt hast du es geschafft, jetzt bist du voll drin!

Ich wurde von einem schwulen Geschäftsführer reingelassen. In diesen Etablissements sind die Geschäftsführer übrigens meistens schwul, denn sonst würden sie ja vielleicht die Mädels anbaggern. Sie saß noch im Büro, und deshalb führte er mich nach unten, wo sich der Saunatrakt und die Duschen befanden. Er schlug vor, daß ich mich ja schon mal frisch machen könne. Gitte hätte noch im Büro zu tun, käme aber bald. Ich sollte einfach ein bißchen relaxen, ein bißchen saunen oder ins Solarium gehen, den Swimmingpool könnte ich auch benutzen. Es gab kleine Schränkchen, in denen man seine Sachen unterbringen konnte, und es lagen Morgenmantel und Badeschlappen bereit. Ich ging unter die Dusche und war überwältigt: eine fünfzehnstrahlige Dusche, ein durchsichtiger Whirlpool, alles nur vom Feinsten! So etwas hatte ich noch nie gesehen, es war so umwerfend, daß ich gar nicht richtig in die Gänge kam. Etwa eine halbe Stunde war ich mir selbst überlassen. Ich schnüffelte natürlich auch in Ecken, die vielleicht nicht für fremde Augen bestimmt waren. Ich war einfach neugierig, da bin ich ehrlich, und sah mir schon das eine oder andere Zimmerchen an.

Und dann kam sie: Designer-Klamotten, eine Wahnsinns-Ausstrahlung, unheimlich attraktiv, achtunddreißig Jahre alt. Wenn es meine Frau nicht gegeben hätte, wäre ich sofort schwach geworden. Das hört sich vielleicht blöd an, aber ich bin meiner Frau treu. Man kann auch als Callboy treu sein, denn ich muß meinen Kundinnen ja nicht alles geben, was ich meiner Frau gebe.

Ich sagte ihr, daß sie stark aussähe, aber ich wollte dann doch langsam zum Geschäftlichen kommen. Ich wollte wissen, was sie mit mir vorhatte. Sie beruhigte mich: Es gäbe keinen Grund zur Nervosität, und wir hätten viel Zeit. Wir gingen dann nach oben, wo sie mir die ganze Clubeinrichtung zeigte. Ich kam aus dem Staunen gar nicht mehr heraus: riesige Marmor-Statuen von zwei Meter Höhe. Das mußte alles Wahnsinnsgeld gekostet haben! Nach der Besichtigung fragte sie mich, welches Zimmer mir am besten gefallen hätte. Ich entschied mich für das Zimmer mit dem

Wasserfall, in dem am Ende des Bettes noch ein kleiner Whirlpool angebracht war und überall grüne Pflanzen standen. Sie ging mit mir dorthin und ließ noch eine Flasche Champagner kommen. Sie fand zwar, daß ich gut aussah, wollte mich aber noch näher kennenlernen.

Ich war total gehemmt und verklemmt, bekam sogar Versagensängste. Aber ich dachte mir: »Wenn du hier gut bist, kommst du gut ins Geschäft, denn sie hat sicher die besten Verbindungen.«

Nach zwei Glas Champagner war ich schon leicht beschwipst und übernahm die Rolle des Liebhabers. Ich wollte mich nicht bitten lassen, und sie wollte Aktionen sehen, wollte wissen, wie ich es meisterte. Sie hatte mich – wie sie mir später gestand – bewußt mit dem Prunk konfrontiert, um meine Reaktion darauf zu testen. Diesen Teil der Prüfung hatte ich mit Bravour bestanden, jetzt begann der nächste: Ich fing an, sie ganz sanft zu entkleiden, trug sie nackt auf den Armen zum Whirlpool. Im Pool kraulten und streichelten wir uns gegenseitig. Zunächst berührten wir uns nur zärtlich. Wir nahmen den Champagner mit, aber ich trank nichts mehr, denn ich mußte einen klaren Kopf behalten. Ich wollte diese Frau mit Haut und Haaren! Wir liebten uns im Whirlpool. Es ging sehr heftig zu, denn sie war eine Liebhaberin, die gut ausdrücken konnte, was sie empfand. Sie war sehr offen, was ihre Sexualität und ihre Gefühle anging. Anschließend liebten wir uns dann noch auf dem Bett. Es war sehr intensiv, und sie war offensichtlich auch beeindruckt von mir und meiner Art.

Wir zogen uns an, und sie lud mich zum Essen ein. Ich hatte erst Bedenken wegen meiner Kleidung, aber sie behauptete, in ihrer Begleitung sei das kein Problem und außerdem kannte sie den Chef des Restaurants sehr gut. So war es denn auch. Wir gingen in ein piekfeines Fischlokal, und der Geschäftsführer bot mir gleich das Du an. Es ging dort sehr familiär zu, man war eben Insider. Während des Essens wollte sie von mir wissen, wie lange ich vorhätte, dieses Geschäft zu betreiben. Ich antwortete, daß ich ein paar Jahre lang richtig gut Geld machen wollte, bis ich meine Schäfchen im trockenen hätte, und dann würde ich aussteigen. Von meiner Freundin erzählte ich ihr allerdings nichts.

Bis zu diesem Zeitpunkt hatte ich noch kein Geld gesehen, und plötzlich schoß mir der Gedanke durch den Kopf, ob da alles mit rechten Dingen zuging. In diesem Moment zog sie ihr Portemonnaie aus der Tasche, schob mir unaufgefordert Geld rüber mit der Bemerkung, ich könnte das sicher gut brauchen. Ich bedankte mich verlegen. Ich weiß nie genau, wie ich mich in einer solchen Situation verhalten soll. Deswegen sage ich mittlerweile meinen Kundinnen, sie sollen das Geld irgendwo dezent hinlegen, ich würde es mir dann schon nehmen. Ich spreche auch mit meinen Kundinnen nicht über Geld, nur ein einziges Mal nenne ich den Preis am Telefon. Es ist eine viel schönere Atmosphäre, wenn man nicht zwischendurch über Geld sprechen muß oder am Ende des Dates sagt: »Jetzt bekomme ich aber noch …«

Jedenfalls öffnete sich für mich eine Tür. Ich dachte, ich sei der Größte und kam mit einer ungeheuerlichen Arroganz, aber auch leicht verändert nach Hause, was Ute sofort bemerkte. Damals erzählte ich ihr aber noch nichts von dem Treffen, erst viel später erfuhr sie davon. Sie weiß bis heute noch nicht alles. Sie war sehr irritiert und wollte wissen, was passiert war. Ich sagte, daß wir nur geschäftlich gesprochen hätten, von dem Fick erfuhr sie nichts. Ich hatte Angst, daß ich sie kränken würde, wenn ich ihr von dem ganzen

Prunk berichtete, von dieser gutaussehenden, reichen Frau. Ute glaubte mir natürlich nicht, machte mir eine Szene, ohrfeigte und schlug mich aus Verzweiflung. Sie spürte, daß da mehr war und war krank vor Eifersucht. Wir hätten schließlich ein Abkommen getroffen, daß ich ihr alles erzählen müsse. Ich versuchte Ute klarzumachen, daß ich bei dem, was ich bisher machte, kaum Chancen hätte, zu Geld zu kommen. Ich war aber auch an einem Punkt angelangt, wo ich mich einfach nirgendwo mehr eingliedern konnte. Nach langer Diskussion beruhigte sie sich wieder.

Es vergingen keine zwei Tage, bis Gitte wieder anrief. Wie sich herausstellte, war sie geil wie ein Flitzbogen und hatte sich in mich verliebt. Aber sie hatte mir bei unserem ersten Treffen von den Kundinnen erzählt, die sie für mich hatte, und die sollte ich in ihrem Club treffen. Gitte war als Geschäftsführerin fast immer im Club. Sie war auch mit einem Mann liiert, aber der akzeptierte, daß sie mit mir schlief, weil er bei ihr im Bett nichts mehr brachte. Damit hatte er auch einen Freibrief, mit anderen Prostituierten ins Bett zu gehen. Bis heute hat sie nicht verstanden, warum er mit anderen Frauen schlafen konnte, aber nicht mit ihr. Angeblich war sie zu schade für ihn. Da er ständig mit anderen Frauen schlief, beschloß sie, sich einen Lover zuzulegen, und das war dann ich. Ich bekam aber immer Geld von ihr dafür – anfänglich zwischen achthundert und tausend Mark die Nacht, aber dann räumte ich Gitte immer einen Sonderbonus ein, wobei ich eigentlich nicht weiß, warum ich das gemacht habe – schließlich schwamm die Frau in Geld. Sie zahlte mir also immer sechshundert die Nacht.

Ich bekam von ihr reichlich Freundinnen zugewiesen und wir trieben es immer im Club. Das war einfach, denn dort wurden die Kundinnen nicht erkannt, nicht gesehen, und sie

brauchten sich keine Gedanken darüber zu machen, in welches Hotel sie fahren sollten. Es waren alles Frauen aus der gehobenen Gesellschaft. Eine meiner Kundinnen war zum Beispiel die Frau eines Bankdirektors, der mir sogar ein paar Tage vorher im Fischrestaurant vorgestellt worden war, wo er mit seiner Gattin speiste. Die Frauen konnten mich zunächst einmal alle live erleben, denn man lud mich zu Neueröffnungen, Galas und ähnlichen Festivitäten häufig ein. Dann sprachen sie Gitte auf mich an: Ich sei ja so süß, wer ich denn überhaupt sei und wo sie mich kennengelernt hätte. Und dann erzählte Gitte über mich und plauderte mit ihnen, bis die Mädels so neugierig wurden, daß sie mit mir mal ein Ding wagen wollten. Gitte hat natürlich daran verdient – sie blieb immer die knallharte Geschäftsfrau.

Normalerweise kamen nur Männer in den Club, und er war so aufgebaut, daß jeder unerkannt hereinkommen konnte. Die Kunden suchten sich die Mädels per Fotokatalog aus, und wenn sie nicht wollten, mußten sie gar nicht erst in die Bar, sondern konnten von einem kleinen Vorraum aus direkt in die Zimmer gehen. Unter den Gärten waren sehr viele Bonzen, denn der Club ist wirklich einmalig in Europa: Von der Theke aus blickt man auf ein Bassin, in dem die nackten Mädchen wie Fische in einem riesigen Aquarium schwimmen. Abends wurden oft Live-Shows mit Illusionisten oder anderen Künstlern geboten. Der Club wurde auch viel für reine Männerveranstaltungen genutzt, und zu besonderen Anlässen wurden sogar Mädels eingeflogen. Ich möchte nicht wissen, wieviel Geld in diesem Nobeletablissement so über den Tisch gegangen ist.

Es gab außerdem noch kleine abgetrennte Räume, Separées, mit Blick auf das Aquarium. Dort saß ich einmal mit einer sehr nervösen Geschäftsfrau, die einen Cognac nach dem anderen trank. Wir hatten den Blick auf das Bassin gerichtet, wo an diesem Abend ein Pärchen zugange war, um die Gäste ein bißchen anzuregen. Er bekam langsam einen Ständer, und das Mädchen versuchte, ihm unter Wasser einen zu blasen. Die Geschäftsfrau neben mir wurde immer nervöser und wollte schließlich mit mir verschwinden. Sie kannte sich in dem Club noch nicht aus, und so bin ich mit ihr erst einmal nach unten in den Saunatrakt gegangen, aber das wollte sie absolut nicht, weil sie Angst hatte, gesehen zu werden. Ich führte sie dann in eines der Zimmer mit Whirlpool und Bad. Per Knopfdruck konnte man sich dann noch alles mögliche, zum Beispiel Champagner, bringen lassen. Sie ließ es aber gar nicht dazu kommen, denn sie war so geil, daß sie mir die Klamotten vom Leib riß. Ich fand das gut, denn es erregt mich unheimlich, wenn eine Frau so impulsiv handelt. Irene war so eine Unruhige, die alles ausprobieren wollte, und so haben wir uns überall geliebt: auf dem Bett, auf dem Tisch, auf dem Stuhl, im Stehen, unter der Dusche, sie wollte in jeder Position geliebt werden. Und den Gefallen habe ich ihr auch getan.

Übrigens war ich, abgesehen von dem schwulen Geschäftsführer und einem ebenfalls schwulen Kellner, der einzige Mann unter den Angestellten.

Turbulenzen im Privatleben

Ute arbeitete damals nicht, denn sie wollte erst einmal mit sich selbst ins reine kommen. Außerdem war da auch noch die Sache mit ihrer Ehe. Zwischenzeitlich hatte ihr Mann unsere Adresse herausbekommen und stand eines Tages vor der Haustür, weigerte sich aber, die Wohnung zu betreten. Ute redete also vor der Tür mit ihm. Er ließ mir durch Ute ausrichten, daß er seine Frau zurückhaben wollte und bereit war, mir dafür zehntausend Mark und seinen Ford Capri zu überlassen. Das war richtiger Menschenhandel, und meine Frau kam sich vor wie eine Ware. Aber er hatte sie ja seit jeher wie ein Stück Ware behandelt, ob im Haushalt, den sie für ihn in Ordnung zu halten hatte, oder im Bett, wo sie die Beine breit zu machen hatte, damit er seinen Lümmel reinstecken konnte, um dann ohne Vorspiel und Zärtlichkeiten nach fünf Stößen abzuspritzen. Sie kam sich dabei natürlich dreckig vor und hatte auch in unserer Beziehung anfänglich mit ihrer Sexualität Probleme: Sie hatte mich, was die Orgasmen betraf, belogen. Damals war ich noch nicht der perfekte Callboy, der hundertprozentig unterscheiden kann, ob sie nun einen Orgasmus hat oder nicht. Wir sprachen später darüber, daß sie zwar schöne Gefühle gehabt hätte, aber keinen Orgasmus – das kam erst viel später. Das ist ein Problem vieler Frauen, die lieber lügen, und es ist nicht so einfach, das Problem zu lösen. Manchmal handelt es sich um eine vaginale Verkrampfung, meistens jedoch um seelische Nöte, von denen man sich erst frei machen muß.

Ich arbeitete mehrmals die Woche im Club, aber langsam stellten sich Probleme ein. Gitte beobachtete mich, stellte mir nach – sie hatte wohl mehr erwartet. Sie schwärmte von ihrem Penthouse in der Schweiz und schlug vor, mit ihr dort hinzufahren. Gitte wollte mich immer mehr für sich, und langsam kam ich mir vor wie ihr Leibeigener. Einmal bestellte eine gute Freundin von ihr, die Gitte wirklich sehr nahestand, einen Dreier mit uns. Während der Nummer haute Gitte jedoch plötzlich ab. Angeblich hatte ich der Freundin im Bett mehr gegeben als ihr.

Gitte bezahlte mich auch als Urlaubsbegleiter. Wenn ihr Mann fort war und ihr die Decke auf den Kopf fiel, verreisten wir zusammen. Durch sie habe ich Auslandserfahrungen sammeln können und die besten Hotels, die Crème de la crème der Hotellerie, kennengelernt. Suiten kannte ich bis dahin nur aus dem Fernsehen, jetzt stieg ich dort ab. Ich muß zugeben, daß mir das schon imponierte. Verliebt war ich jedoch nie. Ich bewunderte Gitte, und ich hatte sie auch gern, aber die große Liebe war es nicht. Sie hatte auf der einen Seite eine liebenswerte Art, konnte aber auch sehr herrschsüchtig sein. Im Leben war sie eine starke Frau, im Bett aber eher schwach.

Damals ging es mir wirklich gut, und ich verdiente so viel, daß ich mit Ute oft verreisen und auch oft essen gehen konnte. Wenn ich das Geld, das ich damals verdient habe, heute auf einem Haufen hätte, wäre ich ein gemachter Mann. Aber wir hatten einen gewissen Nachholbedarf und gaben die ganze Kohle aus, so, wie es eigentlich jeder im Milieu macht. Wie das Geld reinkam, so ging es auch wieder raus. Was ist schon Geld? Der Lebensstandard stieg außerdem auch permanent: Man behing sich mit Goldschmuck, fuhr Benz, und ein Haus hatten wir dann auch.

Meine Frau litt während ihrer ersten Ehe zeitweilig an Magersucht, und der Arzt hatte ihr gesagt, sie könne nie mehr schwanger werden. Folglich verhüteten wir nicht, bis mich meine Frau mit der Nachricht überraschte, daß sie glaubte, schwanger zu sein. Wir gingen zusammen zu einer Frauenärztin, die das auch bestätigte. Es war für mich zunächst ein ganz eigenartiges Gefühl, denn ich hatte mein Leben ganz anders geplant.

Es war einfach passiert. Sie war schwanger und wollte das Kind austragen. Eine Abtreibung kam nicht in Frage. Ich hatte mir schon immer ein Kind gewünscht und hatte mir geschworen, daß ich es besser machen und mein Kind nie in ein Heim stecken würde. Ich hätte mir natürlich gewünscht, ein »normaler« Vater mit einem »normalen Job« zu sein. Zwar versuchte ich auszubrechen und einem geregelten Arbeitsverhältnis nachzugehen, aber mir wurden nur Knüppel zwischen die Beine geworfen. Ich ging zum Arbeitsamt, versuchte Umschulungen zu bekommen, aber man machte es mir dermaßen schwer, daß ich es irgendwann einfach leid war. Ich kämpfte jahrelang, um aus diesem Geschäft auszusteigen, mir und auch meiner Frau zuliebe, schaffte es aber nicht. Um Ausreden war man nie verlegen: Dafür bist du nicht schlau genug, hierfür gibt es zu wenig Stellen. Warum überhaupt umschulen, es gibt sehr viele, die haben umgeschult und sind hinterher doch arbeitslos geblieben. Nie machte man mir einen anderen Job schmackhaft, man zeigte mir immer nur die schlechte Seite. Schließlich fand ich mich damit ab. Das ist eben mein Job, und dabei bleibt es. Und als Callboy kann ich bis fünfzig

Jahre anschaffen, wenn ich mit Fünfzig noch einigermaßen attraktiv bin und es noch voll bringe. Wie viele junge Mädels fahren auf Fünfzigjährige ab! Ich bin jetzt sechsunddreißig und wenn ich abends tanzen gehe, merke ich, wie diese jungen Küken auf mich stehen. Ich kann das überhaupt nicht verstehen, denn mit diesem jungen Gemüse kann ich absolut nichts anfangen. Ich habe das als Teenager am eigenen Leib erfahren, als mir viele Mädels sagten, sie wollten lieber einen reifen, erfahrenen Mann.

Da während der Schwangerschaft sexuell mit meiner Frau nicht viel lief, ich aber bis heute viele Entspannungen täglich brauche, mußte ich dann voll in meinem Job arbeiten. Es war ein Hexenkessel, denn ich brauchte eher noch mehr Sex. Zwar fiel das Intimleben mit meiner Frau weg, aber dafür wuchs die Zuneigung. Ich habe während der Schwangerschaft viel mit meiner Frau unternommen, aber den Sex mußte ich mir eben woanders holen. Ich kam mir extrem mies vor, wenn ich förmlich danach lechzte, daß Gitte oder eine Kundin endlich anriefen und es wieder losging. Fremdgehen wollte ich nicht, darauf stand ich nicht. Die letzten drei Monate vor der Geburt waren die schönsten. Ich besuchte mit meiner Frau auch den Säuglingskurs, damit ich wußte, wie man mit einem Kind umgeht, wie man ihm die Flasche gibt, wie man es wickelt und badet. Ich wollte alles bis ins kleinste wissen.

Schließlich kam unser Sohn zur Welt, und ich freute mich wie ein Schneekönig und war der stolzeste Vater der ganzen Stadt. Leider freute sich niemand mit uns. Von ihren Eltern kam niemand, und ich hatte zwar versucht, mit meinem Vater in Kontakt zu kommen, aber er reagierte auch nicht. Wir fanden uns damit ab und genossen also unser kleines Familienglück alleine. Wir würden das auch alleine schaffen – ohne die ganze Mischpoke. Manchmal können Verwandte nämlich – vor allem, wenn sie sich gegenseitig nur belügen und betrügen – auch ganz schön lästig sein, ohne dabei mit der Wimper zu zucken.

Ich erinnere mich an die Zeit, als ich siebzehn und unheimlich scharf auf meine Tante war, die sich von ihrem Mann getrennt hatte und allein lebte. Sie war immer leicht auf Tabletten und Alkohol, aber trotzdem noch sehr attraktiv. Eines Tages ging ich zu ihr, um meinen Cousin zu besuchen. Sie empfing mich ziemlich freizügig im Nachthemd. Ich konnte an diesem Nachmittag einfach nicht widerstehen, bin mit meiner Tante ins Bett gegangen und schlief mit ihr. Danach fühlte ich mich unheimlich schlecht, denn sie war schließlich die Schwägerin meines Vaters. Es war ganz normaler Nullachtfünfzehn-Sex, und es wurde nie mehr darüber gesprochen.

Schließlich war unser Sohn da, und ich tat alles, um öfter bei meiner Familie zu sein. Während dieser Zeit wurde ich von Träumen heimgesucht. Immer wieder träumte ich von meiner Mutter, sie ging mir nicht mehr aus dem Kopf. Ich glaubte, ich würde verrückt, wenn ich sie nicht noch einmal sehen würde. Also setzte ich alles daran herauszufinden, wo sie jetzt wohnte. Es dauerte einige Zeit, aber ich bekam tatsächlich ihre Adresse. Unzählige Male fuhr ich an ihrer Wohnung vorbei, bevor ich endlich den Mut aufbrachte, bei ihr zu klingeln. Mit einem Blumenstrauß in der Hand stand ich vor der Tür, als ein Mann öffnete.

»Guten Tag, ich bin der Sven und möchte zu meiner Mutter.«

»Was willst du von ihr?« fragte der Mann barsch.

»Mal mit ihr reden«, antwortete ich.

Doch dann hörte ich, wie eine Frauenstimme aus der Wohnung brüllte: »Schick ihn weg. Ich will ihn nicht sehen!«

Der Mann knallte mir daraufhin die Tür vor der Nase zu. Ich war wie versteinert. Nach diesem Erlebnis war meine Mutter als Person für mich gestorben. Doch die Lücke, die sie in meinem Leben ließ, habe ich bis heute nicht schließen können. Ich sehne mich nach mütterlicher Nähe und Geborgenheit, die ich nie bekommen habe.

Ich habe eine tolle Frau, die mir viel Verständnis entgegenbringt, und ich bin sicher, daß es nicht viele Frauen gibt, die das alles mit mir durchgestanden hätten, aber irgend etwas fehlt mir – es ist meine Mutter. Es ist, als wollte ich mich durch meine Sexsucht bestrafen. Es ist nicht so, daß ich jede Frau auf der Straße anspringe, aber sobald mir eine Frau ein bißchen Wärme und Herzlichkeit entgegenbringt, spielt sich bei mir im Kopf immer dasselbe ab. Ich verstehe nicht, warum das so ist, denn ich habe doch eigentlich eine Frau, die mir alles gibt. Damit komme ich nicht zurecht. In der Gesellschaft gibt es ungeschriebene Regeln, wie man sich in der Ehe zu verhalten hat, aber ich spiele meiner Frau gegenüber lieber mit offenen Karten, als hinter ihrem Rücken fremdzugehen, was ja viele Männer und Frauen machen. Ich war meiner Frau gegenüber immer offen, und das ist auch die gesunde Basis unserer Beziehung.

Mit unserem Sohn entstand eine Dreisamkeit, und ich war auch nicht eifersüchtig auf meine Frau – wie man das immer liest –, ganz im Gegenteil. Meine Frau war ziemlich depressiv, und ich konnte ihr aus den Depressionen heraushelfen. Ich mußte sehen, daß weiter Kohle reinkam, und machte so in meinem Job weiter. Als mein Sohn ungefähr ein Jahr alt war, versuchte ich, nebenbei in einer Firma Fuß zu fassen. Es war eine kleine Gießerei, und dort konnte ich in meinem Beruf als Handformer arbeiten. Die ersten zwei, drei Wochen lief es prima. Ich sollte eine führende Position erhalten, den Betrieb sogar leiten. In meinem Job, wie in jeder Sache, will ich immer hundertprozentig perfekt sein, und es lief alles optimal, bis zu dem Tag, an dem ich mich einem der leitenden Herren anvertraute. Der ging bald in Rente und sollte mich einarbeiten. Ich erzählte ihm, womit ich bisher mein Geld verdient hatte und zum Teil auch noch verdienen würde, betonte aber, daß ich lieber ein normales Familienleben führen wollte. Er wollte dann ein paar Stories hören, und so habe ich ihm ein bißchen aus meinem Callboy-Leben erzählt. Er hatte aber nichts Besseres zu tun, als alles brühwarm meinem Chef weiterzutragen, einem Mann, der zwei Jahre jünger war als ich. Seine Mutter kam zu mir und bat mich ins Büro. Dort bekam ich meine Papiere in die Hand gedrückt mit den Worten, daß sie mit mir nichts anfangen könnten, ich solle dahin gehen, wo ich hergekommen sei.

Der Job war weg, und ich hatte die Schnauze voll. Ich trank erst mal einen. Ich wußte, daß ich gut in meinem Job war. Die hatten mich wegen meines Vorlebens rausgeschmissen, obwohl sie wußten, daß ich Familie hatte. »So einen« wollten sie nicht haben.

Gitte wußte nichts von meinem Kind und natürlich auch nicht, daß ich in festen Händen war. Sie fragte mich natürlich schon mal danach, denn sie fand, daß jemand mit meinem Aussehen doch eine Freundin haben müßte, aber ich log sie an. Auch meinen Kundinnen erzählte ich nichts von meiner Familie, denn sie brachten kein Verständnis dafür auf, daß ich eine feste Beziehung hatte.

Irgendwann kam dann doch heraus, daß ich mit einer Frau zusammenlebte, weil ich mich verplapperte, und das nahm Gitte mir übel. Sie wollte mich immer mehr nur für sich haben. Zu Hause spitzte sich die Situation ebenfalls zu, bis meine Frau mich schließlich fragte, ob ich lieber bei ihr oder bei Gitte leben wollte. Gitte regte sich furchtbar auf, aber ich machte ihr klar, daß man mich nicht in einen goldenen Käfig sperren konnte. Es gab dann einen riesigen Krach, man kann schon fast sagen, einen Beziehungskrieg, und ich meldete mich einfach nicht mehr bei Gitte. Sie rief zwar noch mehrmals bei mir an, aber ich hatte dann einfach keine Zeit für sie. Damit war nach acht Jahren meine Arbeit in Gittes Club zu Ende. Sie bohrt immer noch nach, und gerade jetzt, als ich dieses Buch schreibe, ist es wieder sehr schlimm. Wegen der Kohle könnte ich schwach werden ... Aber meine Frau ist sehr eifersüchtig, obwohl sie nie direkt mit Gitte in Kontakt kam. Außerdem hatte ich auch noch andere Dates, habe mein Geld nicht nur über Gitte verdient – aber ich möchte meine Ehe nicht aufs Spiel setzen.

Bei Gitte fing ich mit dem Koksen an. Auf den Parties war es gang und gäbe, nach der Begrüßung mal eben im Nebenzimmer eine Straße zu ziehen. Anfänglich hielt ich überhaupt nichts davon, auch Alkohol trank ich eher wenig, da ich diese Alkoholexzesse hinter mir hatte und nie mehr so abrutschen wollte. Ich wollte lieber einen klaren Kopf behalten. Aber ich war so oft mit Gitte und diesen Leuten zusammen, daß ich das Zeug schließlich probierte. Ich konnte keine negativen Auswirkungen feststellen, eher im Gegenteil: zusammen mit Sekt rief Koks ein gutes Feeling hervor. Ich war zwar meistens gut drauf, es gab auch bei mir immer Höhen und Tiefen, weil ich mit meinem eigenen Ich kämpfen mußte. Ich hatte ein Mädel, das ich liebte, kam nicht aus dem Milieu heraus. Ich hatte immer das Gefühl, als würden mich unsichtbare Hände greifen und halten. Das ist wie ein Zwang: Ich muß in die Szene, muß weitermachen, es geht einfach nicht anders.

Nach dem ersten Probieren nahm ich regelmäßig Drogen. Es gab nicht nur Koks, weil das entsprechend teuer war, sondern ich putschte mich auch mit Tabletten auf, weil es ganz schön stressig war, eine Nacht durchzuziehen und am anderen Tag wieder voll fit zu sein. Meiner Frau erzählte ich natürlich nicht, was ich alles nahm, aber sie bemerkte, daß ich mich veränderte, obwohl ich mir vollkommen normal vorkam. Sie hatte es schwer mit mir. Wenn ich manchmal ein paar Nächte wegblieb, wußte sie nie, ob ich wiederkommen würde. Manchmal bin ich nach einem Date nicht nach Hause gegangen, sondern kriegte einen Blackout, fuhr ins Milieu, blieb ein paar Tage weg und verpraßte die Kohle wie mein Vater. In einer Nacht gingen dann drei- bis viertausend Mark drauf. Sie machte sich des öfteren auf den Weg, versuchte mich zu finden, hat es aber nicht geschafft.

Kurz danach bekam ich den nächsten Nackenschlag. Ich war mit meiner Frau und mit meinem Sohn unterwegs, da blendete plötzlich ein Auto auf. Ich fuhr rechts ran, und da stieg mein Bruder aus. Er kam zu mir rüber und sagte: »Du, der Papa ist tot, er liegt erschlagen in seinem Bungalow.«

Meine Oma war ungefähr ein halbes Jahr vorher gestorben, und das hatte mein Vater nicht verkraftet. Er verfiel in seine alten Gewohnheiten, trank wieder. Außerdem hatte er vom Arzt Tabletten verschrieben bekommen, und die verstärkten die Wirkung des Alkohols noch. Wenn er dann getrunken hatte, zog er um die Häuser und prügelte sich. Das war die einzige Art, wie er sich äußern konnte, und im Grunde genommen war er ein hilfloser Mensch.

Die Tür zum Haus meines Vaters stand wohl offen, als man ihn fand. Die Nachbarn hatten in der letzten Zeit ziemlich anrüchige Leute ein- und ausgehen sehen: Zigeuner und Leute aus dem Rotlichtmilieu. Abends sind dort wohl richtige Zockerrunden gelaufen. Ein weiterer Beweis dafür waren die Kerben, die mit dem Messer in den Tisch geritzt worden waren. Bei meinem Vater wurden wochenlang Saufgelage und Pokerrunden veranstaltet, und dafür brauchte er natürlich Geld. So kündigte er beispielsweise seine Lebensversicherung. Er hat nachweislich fünfundsiebzigtausend Mark verloren. Ich behaupte, daß ihm seine Sauf- und Spielkumpane von hinten eins übergebraten haben. Als ich in die Wohnung kam, lag er noch in einer riesigen Blutlache auf dem Rücken, in der Hand hielt er eine Schere. Auf dem Tisch lag eine große Tube Remoulade, die er angeblich gerade aufschneiden wollte, als er einen Infarkt bekam und nach hinten gefallen ist. Die Polizei war auch da, aber der Arzt, ein weitläufiger Verwandter von uns, stellte ganz schnell einen Totenschein mit der Todesursache Infarkt aus. Ich protestierte und verlangte eine Autopsie, denn es war kein natürlicher Tod. Aber mein Onkel und der Arzt rieten mir davon ab: Eine Autopsie würde mich nur zehntausend Mark kosten und nichts bringen. Mein Vater käme jetzt unter die Erde, und damit wäre es gut. Eine Autopsie würde ihn auch nicht wieder lebendig machen. Ich merkte, daß ihnen meine Bitte absolut gegen den Strich ging. Mein Vater hatte Mist gebaut, er hatte die ganze Familie tyrannisiert, und nun wollte man die Sache auf sich beruhen lassen. Mich machte das total fertig. Als er da lag und ich ihm den Rücken zudrehte, überlief mich ein eiskalter Schauer. Ich hatte das Gefühl, er würde gleich aufstehen und mich verhauen. Ich drehte mich dann um und tippte ihn ganz zaghaft an, wich aber gleich ein paar Schritte zurück. Nachdem mein Vater weggebracht worden war, wischte ich die Blutlache weg. Dieses Blut und das ganze Drumherum verfolgten mich noch ein halbes Jahr lang.

Mein Bruder war schon immer der Materialistische von uns beiden, und so stöberte er überall herum, aber mein Vater hatte alles verhurt und versoffen. Das hatte er uns schon gesagt, als wir noch kleine Kinder waren: »Von mir erbt ihr nichts als Schulden, und wenn ich zehnmal am Tag ins Freudenhaus gehen muß!« Deshalb habe ich das Erbe bei Gericht ausgeschlagen.

Ich organisierte die Beerdigung. Der Pastorin sagte ich, daß ich keine Heuchelei am Grab wollte. Ich glaube, daß er diese Schönfärberei am Grab auch nicht gewollt hätte, denn sein Leben war ja nicht gerade gut für ihn verlaufen. Auch habe ich Orgelmusik abgelehnt, weil mein Vater diese Musik noch nie gemocht hatte. Ich versuchte, alles so zu machen, wie er es sich gewünscht hätte. Die Beerdigung fand nur im engsten Familienkreis statt. Es stand keine Anzeige in der Zeitung, so kamen auch keine Trauergäste aus dem Milieu. Mein Bruder wollte zwar eine Anzeige in die Zeitung setzen lassen, aber ich ließ es nicht zu. Ich wollte das alleine regeln, schließlich zahlte ich ja auch für alles. Nach der Beerdigung sagte ich zu den Gästen: »Ich bin jetzt weg, und wenn ihr euch eingebildet habt, ihr könntet jetzt auch noch auf meine Kosten fressen, dann habt ihr Pech gehabt. Tschüß!«

Ich drehte mich um und verließ den Friedhof. Mich hat die Beerdigung sehr mitgenommen, unter anderem auch wegen meines Bruders. Ich fühlte mich betrogen, da ich alles bezahlen mußte. Er riß sich eine Kiste mit den paar Armseligkeiten meines Vaters unter den Nagel, sah, daß bei dem alten Mann nichts mehr zu holen war, und damit war die Sache für ihn erledigt. Meinen Bruder habe ich seitdem nicht mehr wiedergesehen.

Ich war verbittert. Warum mußte mein Vater eigentlich so früh, so jung sterben? Warum hatten wir nie ein richtiges Vater-Sohn-Verhältnis, warum konnte ich mit ihm nie auch nur über die kleinste Kleinigkeit reden? Wieso blockte er immer alles ab, wenn wir als Kinder bei ihm zu Besuch waren? Warum zog er sich immer so zurück? Aus Scham oder Stolz? Ich weiß es bis heute nicht. Ich war traurig, wütend und enttäuscht, hatte aber auch Mitleid mit ihm. Meine Gefühle waren sehr gemischt. Ich habe oft am Grab meines Vaters gestanden und halb besoffen mit ihm geredet. Aber heute kann ich das nicht mehr. Ich habe das Grab verkommen lassen, gehe nicht mehr hin.

Nach dem Tod meines Vaters arbeitete ich wieder voll als Callboy. Das Geschäft lief gut, aber ich kriegte den Kopf nicht klar, konnte mich einfach nicht frei machen von meinen Problemen. Ich war total verkrampft und angespannt und fing wieder an zu trinken. Wenn ich zu einer Kundin kam, fragte ich zuerst nach etwas Alkoholischem, oder ich brachte etwas mit. Ohne Alkohol oder eine Linie Koks lief nichts, obwohl ich mit der Zeit merkte, daß mich das Zeug nicht hoch-, sondern eher runterbrachte. Ich verfiel immer öfter in Depressionen und wurde zum Tagträumer. Ich bekam nichts mehr zustande und vernachlässigte alles: meine Frau, meinen Sohn, teilweise auch das Geschäft. Ich kam viel zu spät zu Terminen, aber das war mir total egal, weil ich trotzdem mein Geld bekam, denn die Frauen warteten ja auf mich. Ich war wie tot, dachte teilweise an Selbstmord, aber ich hatte ja noch meine Familie. Ich bin dann ab und zu ausgebrochen, war tagelang unterwegs, brauchte Zeit, in mich hineinzuhorchen. Ich ließ mich zu allem Überfluß auch noch mit den falschen Leuten ein und geriet in irgendwelche Milieu-Treffs hinein, wo sie mich mit K.o.-Tropfen lahmlegten und mir dann dreieinhalbtausend Mark klauten. Ich erstattete Anzeige, aber die Polizisten lachten nur.

Meiner Frau erzählte ich die Wahrheit, zumal Bekannte mich dabei gesehen hatten, wie ich mir ein Näschen gezogen hatte. Sie wußte auch, wo ich mich aufhielt, und flog dort ein, mit Getöse und Gebrause. Sie beruhigte sich dann aber gleich wieder, weil sie wußte, daß sie damit nichts erreichen konnte. Ein Gebäude hat viele Fenster und Türen, und das kannte sie schon von mir: Wenn mir irgend etwas über den Kopf wuchs, flüchtete ich durch die Tür oder durch ein Fenster. Ich sprach mich also mit meiner Frau aus, erklärte ihr die Situation. Sie wußte jetzt, woran sie war, und verstand auch, daß ich das alles nicht verkraftete, weil ich wieder aufgewühlt worden war.

In dieser Zeit bekam ich den neuen Namen meiner Mutter heraus. Sie war mit einem Türken verheiratet, und ich erfuhr, daß ich zwei türkische Halbschwestern hatte. Ich freute mich riesig und rief sie an. Sie beschimpfte mich jedoch nur, warf mir vor, ich hätte mich die ganzen Jahre nicht gemeldet, fragte mich, was ich jetzt von ihr wollte, und knallte den Hörer auf. Ich rief noch einmal an, aber ohne Erfolg. Zum Muttertag schickte ich ihr ein paar Blümchen. Keine Reaktion. Ich wollte auch nicht zu weit gehen und in ihre andere Familie einbrechen oder mich provokativ vor ihre Tür stellen. Dazu fehlt mir bis heute der Mut. Ich finde es schade und traurig, daß sie keinen Kontakt mit mir haben will. Wenn sie unter der Erde liegt, habe ich mit ihr nicht mal sprechen können. Ich möchte nur irgendwann die Gewißheit haben, was eigentlich geschehen ist. Warum ist es so gekommen, warum hat sie uns nie besucht oder für uns gekämpft? Eine Mutter kann für ihre Kinder kämpfen, auch wenn man ihr das Sorgerecht aberkannt hat und der Vater sie nicht mehr sehen will. Viele andere Frauen, denen ich meine Geschichte erzählte – meine eigene Ehefrau eingeschlossen –, bestätigten mir, daß man als Mutter um seine Kinder kämpft, zumindest versucht man, sie zu sehen. Niemand versteht, wie sie einfach nur den Satz »Ihr habt euch die ganzen Jahre nicht gemeldet« von sich geben konnte. Sie hätte viel früher herausbekommen können, wo wir uns aufhielten, und sie hätte Kontakt zu uns aufnehmen können.

Ich habe mich zu der Zeit also mehr schlecht als recht durchgeschlagen. Eigentlich verdiente ich zu der Zeit recht gut, es war aber nie Geld da, weil ich es für andere Sachen brauchte. Schließlich rüttelte mich meine Frau wach und stellte mich vor die Wahl: sie oder Drogen und Suff. Ich hörte von heute auf morgen mit allem auf, machte einen kalten Entzug und fing mit Bodybuilding an. Zigaretten sind bis heute die einzige Droge geblieben, die ich mir noch leiste. Aber es war sehr schwer aufzuhören – nicht, weil ich nervös wurde oder es psychisch nicht schaffte, sondern weil ich den Entzug mit jeder Faser meines Körpers spürte. Mir tat alles weh, und ich glaube, daß der Dreck teilweise heute noch in meinem Körper steckt. Ich lag voller Schmerzen im Bett, aber dann raffte ich mich auf und ging zum Training. Ich hatte damals nicht den Körper, den ich heute habe – ich wog ungefähr dreiundsiebzig Kilo –, aber ich brachte es im Laufe der Zeit auf sechsundneunzig Kilo, und das tat mir enorm gut.

Hätte ich schon früher trainiert, wäre mir einiges erspart geblieben. So war ich eines Abends unterwegs, hatte ein paar Dates, fuhr aber anschließend nicht gleich nach Hause. Ich hatte Kohle in der Tasche, fuhr mit dem Taxi von einer Disko in die andere, hatte in jeder eine Flasche Champagner stehen, pendelte immer hin und her und machte den King. Drei Jungs bekamen Wind davon und erzählten mir, es gäbe einen neuen Laden, wo richtig was los sei. Ich kannte die Disko natürlich nicht, aber nachdem sie mir versicherten, daß man dort wirklich gut abdancen konnte, wollte ich mitkommen. Ich zahlte überall meine Zeche, und wir fuhren mit einem Taxi los. Einer saß vorne, zwei hinten und ich in der Mitte, ziemlich betrunken. Plötzlich bekam ich einen Schlag in die Rippen, und sie machten mir klar, daß sie die neue Diskothek nur erfunden hatten. Statt dessen wollten sie mit mir in ein Wäldchen fahren und mich dort um die Kohle erleichtern, die sie vorher bei mir gesehen hatten – wenn man Fünfziger und Hunderter im Bündel herumträgt, dann sieht das nach viel Geld aus. Es waren zwar nur dreieinhalbtausend Mark, aber die wollte ich natürlich nicht hergeben. Ich hatte aber auch um meinen Körper Angst, denn das ist schließlich mein Kapital. Wie sich später herausstellte, war der Anführer erst zwei Wochen vorher aus dem Knast entlassen worden. Ich rief dem Taxifahrer zu, er solle anhalten, aber die anderen lachten und erklärten ihm, ich spiele verrückt und sei besoffen. Der Fahrer fuhr unbeirrt weiter. Ich wollte aussteigen, aber er reagierte nicht. Da zog ich meine Kanone, die ich damals aus Sicherheitsgründen bei mir trug: »Wenn du jetzt nicht anhältst, ballere ich, was das Zeug hält. Ich will hier raus!«

Ich geriet in Panik. Ich versuchte, am Beifahrer vorbeizukommen, aber der hielt mich fest, zerrte und zog an mir.

Der Taxifahrer kümmerte sich nicht darum. Es schien ihn gar nicht zu interessieren. Ob er zu ihnen gehörte, weiß ich bis heute nicht.

Sie schlugen mich hinten im Taxi zusammen. Ich schoß, und die Kugel sauste am Kopf des Beifahrers vorbei. Ich nutzte diese Schrecksekunde, um aus dem Auto zu springen und wegzurennen. Einer lief hinter mir her, und ich schmiß mich in den Schnee und robbte weiter, aus Angst, daß mich die Kerle aufspüren würden. Das Ganze ereignete sich außerhalb der Stadt, in der Nähe einer Schrebergartensiedlung. Plötzlich sah ich überall Lichter und vermutete, sie hätten Verstärkung geholt. Man jagte mich über Zäune, durch Gärten, bestimmt eine halbe Stunde lang. Ich kam gar nicht auf die Idee, daß es sich bei meinen Verfolgern um die Polizei handeln könnte. So war ich total erleichtert, als ich plötzlich einen Polizisten vor mir auftauchen sah. Aber ehe ich mich versah, klickten die Handschellen und ich wurde wie ein Schwerverbrecher abgeführt. Sie brachten mich zum Hauptpolizeiamt, weil ich als der Schuldige galt. Es hieß, ich hätte versucht, die drei zu überfallen und hätte dabei von der Schußwaffe Gebrauch gemacht. Die Pistole hatte ich zum Glück weggeschmissen, und sie wurde auch nie wiedergefunden. Aber die drei Jungs zeigten mich tatsächlich an und kamen mit dem Verfahren auch noch durch. Der Taxifahrer sagte zu ihren Gunsten aus, und bis heute habe ich das nicht richtigstellen können. Ich sollte dann viertausendachthundert Mark Schmerzensgeld zahlen, was ich natürlich nicht konnte. Nach Abgabe einer eidesstattlichen Versicherung wurde mir die Zahlung dann erlassen.

Danach wollte ich jetzt etwas für meinen Körper tun, weil ich dachte: Sport ist die beste Therapie. Ich wollte weg vom Alkohol, den Tabletten und dem Koks, denn ich merkte, daß ich das nicht war. Und es ist mir gelungen, wenn auch nur mit Hilfe meiner Frau. Bis heute bin ich clean.

Ich arbeitete hart, und so konnten wir aus unserer Mietwohnung in ein kleines Häuschen am Stadtrand ziehen. Kaum waren wir eingezogen, lud mich eine Nachbarin auf eine Tasse Kaffee ein. Sie war total begeistert von mir und wollte unbedingt mit mir ins Bett gehen. Ich habe ihr zweimal einen Korb gegeben, und damit fing die Misere an. Von nun an machte sie mir das Leben zur Hölle: Sie zog über mich her, erzählte überall herum, daß ich unseren Garten verwildern ließe und lauter solche Nichtigkeiten. Sie hetzte die gesamte Nachbarschaft gegen uns auf, bis uns niemand mehr grüßte, geschweige denn mit uns ein paar Worte wechselte. Keiner wußte, welchen Job ich ausübte, es fiel ihnen aber wohl auf, daß ich tagsüber nicht arbeitete. So hetzten sie mir die Polizei auf den Hals, weil ich angeblich in meinem Haus einen Puff betrieb. Ich hatte mein Arbeitszimmer im ersten Stock in Pink gestrichen, und wenn es abends beleuchtet war, konnte man von unten reingucken. Sofort dachten die Nachbarn, es handele sich um ein Bordell. Ich habe die Polizisten durch das Haus geführt, ihnen das Arbeitszimmer gezeigt und sie gefragt, wo ich es denn ihrer Meinung nach treiben würde – vielleicht auf dem Schreibtisch? Dann habe ich ihnen den Keller gezeigt: In einem Raum standen die Umzugskisten, im anderen flog die Wäsche herum. Dann hatten wir oben noch das Studio mit den Hantelbänken, ein Schlafzimmer und das Kinderzimmer.

Die Polizei zog ab, aber die Nachbarn versuchten weiterhin, mich mit Anzeigen zu schikanieren. Eines Tages stand das Jugendamt bei mir vor der Tür und meinte, ich sollte meinem Sohn erzählen, womit ich mein Geld verdiente, damit er wüßte, woran er sei. Es sei unverantwortlich, ihm das später einfach ins Gesicht zu sagen. Ich war jedoch der Meinung, daß sie das ruhig mir überlassen sollten. Ich wollte es meinem Sohn stückchenweise beibringen, nicht mit der Brechstange. Mittlerweile weiß er es, und er geht eigentlich sehr gut damit um, weil er sieht, daß ich seine Mama sehr liebe, wir auch zärtlich miteinander sind, wenn er dabei ist. Teilweise verdrängt er es auch einfach.

Die Lage spitzte sich immer mehr zu. Als wir aus dem Urlaub kamen, lagen vor unserer Haustür gebrauchte Binden, Kondome und Scheißhaufen. Man wollte mich dazu zwingen, auszuziehen. Ich rief einen Anwalt an, aber der riet mir, die Faust in der Tasche zu ballen, denn das würde irgendwann aufhören. Eines Abends aber kam ich vom Training nach Hause, holte für meine Frau noch ein paar Zeitungen vom Kiosk um die Ecke, und als ich in mein Haus wollte, kamen plötzlich von allen Seiten Jungs im Alter von achtzehn und fünfundzwanzig Jahren auf mich zu, mit Stöcken, Eisenstäben und Latten bewaffnet. Von rechts kamen vier, unter ihnen auch der Sohn der Nachbarin, und versuchten, mich zunächst verbal zu provozieren. Ich ließ mich aber nicht darauf ein und ging weiter. Mittlerweile machten die Jungs einen solchen Lärm, daß meine Frau aufmerksam wurde und die Tür öffnete. Ich war noch ungefähr fünf Meter entfernt, da gab einer der Angreifer den anderen ein Zeichen. Ich drehte mich um, um sie im Auge zu behalten und versuchte, mich ins Haus zu retten. Dabei stolperte ich. Während meine Frau versuchte, mich ins Haus zu zerren, spürte ich einen schweren Schlag und roch Gas. Wie sich später herausstellte, handelte es sich um einen Schlagstock mit Gaspatrone. Meine Frau bekam auch einige Hiebe ab, weil wir die Tür nicht sofort schließen konnten.

Scheiben klirrten, einige Jungs versuchten, die Tür aufzubrechen, andere wollten von hinten durch die Terrassentür ins Haus gelangen. In der Küche flog ein Schlagstock durchs Fenster, die Jalousien wurden heruntergerissen, es sah aus, als hätte eine Bombe eingeschlagen. Ich lief nach oben ins Bad, um mir das Gas vom Gesicht zu waschen.

Meine Frau alarmierte inzwischen die Polizei. Als sie endlich kam, versteckten die Jugendlichen ihre Schlagstöcke unter einem Lieferwagen. Ich wollte sie den Polizisten zeigen, aber sie schoben mich erst einmal ins Haus, nahmen unsere Personalien auf und befragten uns. Als ich schließlich mit den Beamten hinausging, um ihnen die versteckten Schlagstöcke zu zeigen, waren sie verschwunden. Wir wurden dann ins Krankenhaus gebracht – die Nachbarin übrigens auch, weil ich sie angeblich mit Gas besprüht hatte. Meine Frau hatte mehrere Prellungen am Nasenbein, mein Sohn stand unter Schock, und ich hatte Verätzungen im Gesicht. Wir hatten Angst, in dem Haus zu übernachten, denn es war uns nicht mehr sicher genug: Die Türverriegelung funktionierte nicht mehr, und die Scheiben im Parterre waren eingeschlagen. Wir nahmen uns für diese Nacht ein Hotelzimmer, berieten uns dort und beschlossen, am nächsten Tag zurückzufahren. Wir fühlten uns stark genug, auch wenn wir etwas lädiert aussahen, und wollten zeigen, daß wir uns nicht vertreiben ließen. Wir hatten vor, nur kurz hinzufahren und dann unsere Hausärztin aufzusuchen. Als wir aus dem Haus traten, sah ich ein paar junge Leute mit Baseballschlägern auf uns zukommen. Ich schob meine Familie zurück ins Haus und rief die Polizei an, die auch schon nach zwei Minuten erschien. Als ich mich für ihre Schnelligkeit bedankte, teilten mir die Beamten mit, daß meine Nachbarin Anzeige gegen mich erstattet hatte. Ich erstattete ebenfalls Anzeige wegen Bedrohung und Nötigung und ließ mich von der Polizei zu unserer Hausärztin bringen.

Die Schikanen gingen weiter. Sie zerstachen mir vier Sätze Autoreifen, zerkratzten den Wagen, richteten einen Gesamtschaden von zehntausend Mark an. Schließlich erreichten sie, was sie wollten: Wir zogen aus!

Die Schuldigen aber waren wir, denn unsere Anzeigen waren alle verschwunden, und so waren wir jetzt plötzlich die Beklagten, wurden vorgeladen, um zu schildern, warum wir die anderen angegriffen hatten.

Ich habe dann bei der Staatsanwaltschaft Wirbel gemacht, bis unsere Anzeigen wieder auftauchten und ein Verfahren gegen die Leute eingeleitet wurde. Aber bis heute ist nichts passiert, und wir wohnen wieder in einer engen Wohnung.

Der Callboy als Therapeut

Viele stellen sich unter dem Beruf des Callboys eine ganz einfache Nummer vor: Man wird von Mädels angerufen, macht einen Termin aus, steigt auf die Schnelle in die Kiste, und das war's dann. Das ist aber nicht ganz so einfach, denn ein Callboy muß viele Eigenschaften mitbringen. Er muß feinfühlig und sensibel sein, muß auf die Frauen eingehen können und psychologisches Geschick mitbringen. Bei seelischen Konflikten und Problemen sowie psychischen Ängsten muß er manchmal den Therapeuten ersetzen. Ich kenne ein Mädel, das unter Atemnot leidet. Ich bin viel mit ihr spazierengegangen und habe mich mit ihr unterhalten. Viel mehr als im Bett brauchte sie mich, um sich zu entspannen und ihr Selbstvertrauen wiederzugewinnen. Sie hatte nicht einmal mehr den Mut, ins Freie zu gehen, auf Feld und Wiesen spazierenzugehen. Sobald sie draußen war, geriet sie in Panik. Das zu überwinden, ist ihr mit meiner Hilfe gelungen.

Ein Callboy muß sich auch anderen Umgebungen anpassen können, da man meistens zu den Kundinnen nach Hause geht. Man kann auch zusammen ausgehen, sich bei einem Abendessen näherkommen, aber meist geht man zu den Kundinnen nach Hause. Es ist immer wieder eine fremde Umgebung, und ich bin jedesmal unruhig und nervös. Oft trinke ich ein bis zwei Gläser Sekt, um in die richtige

Stimmung zu kommen. Wenn es nicht mein Idealtyp von Frau ist, dann mache ich Phantasiereisen. Ich stelle mir eine andere Umgebung vor, beispielsweise einen karibischen Strand. Oft dämpfe ich das Licht, versuche eine knisternde und romantische Stimmung herzustellen.

Manchmal kommen bei mir beim Geschlechtsverkehr auch Aggressionen hoch, und dann muß ich richtig ackern. Ich stelle mir dann vor, daß ich es der Frau richtig besorgen werde.

Wenn die Kundin extrem häßlich ist, dann schließe ich einfach die Augen und stelle mir vor, sie wäre ein geiler Schuß.

Man muß auch genügend Zeit mitbringen, jedenfalls mache ich das so. Es gibt sicher Callboys, die genau nach der Uhr gehen und nach einer Stunde wieder weg sind oder die Kundinnen sogar um ihre Zeit betrügen. Aber als guter Callboy muß man sich Zeit nehmen und darf nie den Eindruck erwecken, daß man gerade auf dem Sprung ist. Wenn ich zu einem Date fahre, trage ich keine Uhr, weil ich wie viele andere Menschen die blöde Angewohnheit habe, während der Unterhaltung kurz auf die Uhr zu sehen. Das empfinde ich als unhöflich. Mir ist es am Anfang passiert, daß mich eine Kundin fragte, ob ich es eilig hätte, weil ich aus reiner Gewohnheit zwischendurch einen Blick auf die Uhr geworfen hatte. Wenn man eine Nacht zur Verfügung hat, dann ist das keine feste Zeit. Eine Nacht kann länger dauern als von Sonnenuntergang als bis Sonnenaufgang. Es kann passieren, daß man am anderen Morgen statt um neun Uhr erst um zwölf Uhr geht, denn wenn man es abends langsam angehen läßt, dann sollte man es am nächsten Morgen auch langsam ausklingen lassen. Bei einem abrupten Aufbruch bekommen viele Kundinnen einen Schock.

Es gibt natürlich auch Kundinnen, die absolut nicht meinen Vorstellungen entsprechen. Es rief mich einmal eine Frau an, die behauptete, sie sei etwas über Fünfzig. Ich fuhr zu ihr und war wie vom Blitz getroffen, als mir ein ganz altes Mütterchen die Türe öffnete. Sie war groß und klapprig, von Falten übersät und mußte sich teilweise auf einen Stock stützen. Ich hatte das Gefühl, vor meiner Uroma zu stehen, und fragte sie dann auch, ob sie bei ihrer Altersangabe geschummelt hätte.

»Ja, meinst du, du wärst gekommen, wenn ich gesagt hätte, daß ich sechsundachtzig bin? Da hättest du doch gedacht, da wartet ein altes Hutzelweib auf dich!«

Sie kam sich unheimlich fit vor, und ich muß sagen, vom Kopf her war sie es auch. Außerdem hatte sie eine mütterliche Ader. Sie gab mir zu verstehen, ich sollte mich erst einmal setzen und mich stärken. Sie bereitete mir dann einen strammen Max zu und dachte wohl, daß ich ihr dann auch den strammen Max machen würde. Je länger ich bei ihr war, desto mehr Warmherzigkeit ging von ihr aus. Ich fühlte mich nicht mehr als Callboy, sondern kam mir vor wie ein Enkel. Nach einer Stunde fragte sie mich plötzlich, ob ich Lust hätte, mir einen Porno anzusehen. Da war ich wieder von den Socken. Sie ging zum Wohnzimmerschrank, legte einen Softporno ein und stellte sich mit mir – es gab keine Sitzgruppe – vor den Schrank. Ob ich mich denn ausziehen könnte? Ich machte den Oberkörper frei und zog dann den Rest bis auf die Unterhose aus. Sie fing an, mich ein bißchen zu streicheln, und ich versuchte den Arm um sie zu legen, aber es kostete mich Überwindung. Nicht, weil ich mich vor ihr ekelte – ich habe keine Angst vor dem Alter, denn schließlich werde ich auch mal alt –, aber sie erinnerte mich an meine Großmutter. Das ganze Ambiente war wie bei mei-

ner Großmutter: miefig. Ich hatte den Geruch des Alters in der Nase. Sie erzählte mir, daß sie einen fünfzigjährigen Lover gehabt hätte, der es ihr auch noch ordentlich besorgt hätte. Ich wußte nicht, ob das vielleicht ihre Traumwelt war, denn manche Frauen brauchen frühere Erfahrungen, um sich dann wieder in diese sexuelle Welt hineinversetzen zu können.

Als ich sie ein wenig im Nacken kraulen wollte, schlug sie meinen Arm weg und befahl mir, ich solle sie nicht anfassen. Ich konnte mit dieser ganzen Situation nichts anfangen. Was sollte ich bloß mit dieser Frau machen? Aber sie wollte einfach nicht, daß ich sie berührte, weil ich so jung, so attraktiv war. Sie fuhr mit ihrer Hand über meinen Körper, faßte auch in die Hose und massierte mich. Sie wollte spüren, ob sich bei mir etwas regte. Ich brauchte meine ganze Konzentration, um ihr etwas bieten zu können. Ich war Mitte Zwanzig und fand die ganze Situation beklemmend, aber ich hatte auch Mitleid mit der Frau. Als sie dann merkte, daß sich in meiner Hose etwas regte, zeigte sie auf ihr Schlafsofa und schlug vor, wir sollten uns da hinlegen. Ich dachte mir: »Leg dich hin und probier es einfach, wenn sie es gerne möchte. Vielleicht hat sie nur noch ein paar Wochen zu leben, und dann hat sie das Erlebnis noch gehabt.« Ich hatte Verständnis für sie. Mein Bestreben als Callboy war immer, den Frauen etwas zu geben, denn ich wollte ja nichts bekommen. Ich legte mich jedenfalls hin, sie schob dann ihr Kleid hoch, und ich mußte feststellen, daß sie nichts darunter trug. Zum Glück stand mein Penis, und sie versuchte, sich darüberzulegen. Aber je näher sie kam, desto schlapper wurde meine Nudel. Wir probierten es vier- bis fünfmal. Aber eine schlappe Nudel bekommt man einfach nicht rein, und noch dazu war sie auch extrem trocken. Es klappte einfach nicht. Sie verkündete, für das erste Mal sei es ganz okay gewesen, aber das Kondom hätte sie gestört. Ihr Lover, den sie angeblich vorher gehabt hatte, hätte immer ohne Pariser mit ihr geschlafen. Vielleicht würde es ohne Kondom besser klappen, und wir könnten ja das nächste Mal ohne probieren. Aber sie meldete sich zum Glück nie wieder. Das war die älteste Kundin in meiner Callboy-Laufbahn, und dabei sollte es auch bleiben.

Wenn mir eine Kundin rein äußerlich nicht zusagt, ist das kein Problem, weil sie mich dann vielleicht durch Zärtlichkeit, Scham oder Wildheit stimulieren kann. Ein Problem ist es nur, wenn ich gleich bemerke, daß wir uns überhaupt nicht sympathisch sind. Ich gehe dann auch sofort, gebe der Frau aber vorher zu verstehen, daß wir es erst einmal beim Kennenlernen belassen und es beim nächsten Treffen noch einmal probieren sollten, denn manchmal bewirken irgendwelche Ängste diese Antipathie. Ich bin in dieser Beziehung sehr gefühlvoll und sage nicht: »Ich habe keine Bock auf dich, ich gehe wieder.« Nein, man muß sich sehr genau überlegen, was man sagt.

Der Beruf des Callboys hat sich in den letzten Jahren geändert – schon allein durch Aids. Früher wurde viel ohne Präservativ gearbeitet, aber das kommt heute nicht mehr in Frage. Damit hat sich auch die Sexualität geändert, denn die Frauen können diesen Kick nicht mehr kriegen. Viele Frauen wollen den Samenerguß spüren, sie wollen den Mann damit ganz besitzen. Das ist für sie ein Glücksgefühl, denn selbst wenn man schon abwesend ist, tragen sie noch einen Teil des Mannes in sich. Ein weiterer Unterschied zu früher ist, daß die Frauen über Sex ganz offen sprechen können. Sie haben das Gefühl, daß sie sich mit dem Sven unterhalten können, und das ist wichtig, auch für einen Callboy.

Die Frauen von heute verlangen aber auch mehr, das normale Miteinanderschlafen genügt ihnen nicht mehr. Dabei spielt der S & M-Bereich eine immer wichtigere Rolle. Viele haben das normale Liebesleben satt, trauen sich aber nicht, mit dem Partner darüber zu sprechen, daß sie einmal etwas anderes ausprobieren wollen. Frauen sind experimentierfreudiger als Männer, zum Teil wollen sie Analverkehr mit mir, den sie mit ihrem Partner gar nicht haben möchten. Viele sagen mir, daß ihre Partner dafür zu ungestüm, zu brutal sind. Vor lauter Verklemmtheit sind die Männer grob. Ich bin dagegen sehr gefühlvoll, und die Frauen trauen sich deshalb, den Analverkehr mit mir auszuprobieren. Ich sage ihnen immer wieder, daß sie versuchen sollten, ihre Wünsche ihren Männern schrittchenweise nahezubringen. Es ist sehr wichtig, über die eigene Sexualität zu reden. Sie bestimmt zwar nicht den ganzen Lebensalltag, gehört aber zu einer guten Beziehung. Gerade Sex im S&M-Bereich können nur Leute machen, die sich hundertprozentig vertrauen.

Die eine Hälfte des Callboys steckt in der Sexualität, die andere in der Therapie, und ich therapiere fast jede Frau. Dabei meine ich nicht nur die, die in einer festen Beziehung leben, sonder solche, die ihr Selbstbewußtsein stärken wollen, indem sie sich einreden, daß sie keinen Mann brauchen und nur mit einen Mann schlafen wollen, wenn sie selbst den Zeitpunkt bestimmen.

Männer werden in der Regel schneller stimuliert als Frauen. Frauen besitzen viel Sexualität, aber wenn man über Jahre hinweg nur Nullachtfünfzehn-Sex praktiziert hat, dann verkümmert der Sexualtrieb. Manche Frauen wachen in einem bestimmten Alter auf – manche mit Dreißig, sehr viele zwischen Fünfundvierzig und Fünfzig. Sie bekommen dann eine Art Torschlußpanik und fragen sich, ob sie überhaupt richtig gelebt haben, was sie die ganzen Jahre eigentlich gemacht haben und ob sie ihre Sexualität überhaupt ausgelebt haben. Dann versuchen viele Frauen, alles, was sie die ganzen Jahre versäumt haben, auf einmal nachzuholen. Das ist für einen Callboy, als würde man eine Atombombe zünden. Bei vielen geht es bis zur totalen Ekstase.

Ich behaupte, daß eine Frau erst ab dreißig Jahren Sexualität wirklich genießen kann. Ich spreche viel mit Frauen und lerne dadurch viel über sie. Ich behaupte nicht, daß ich das weibliche Geschlecht durch und durch kenne, aber über die Jahre hinweg habe ich von ihnen gelernt, weil sie sich mir gegenüber geöffnet haben. Sie haben absolutes Vertrauen zu mir, und darauf bin ich stolz. Für viele bin ich praktisch der einzige, dem sie sich ohne Schuldgefühle oder Scham öffnen können. Es ist auch ein beglückendes Gefühl für mich, wenn ich von einem Date komme und mir sagen kann, daß ich einer Frau geholfen habe.

Das Ansehen der Callboys hat sich gegenüber früher nicht verändert, allein schon deshalb, weil sie von den Medien entsprechend dargestellt werden. Im Fernsehen werden einschlägige Etablissements gezeigt mit irgendwelchen Typen, die alkoholtrinkend an der Bar stehen und auf die megageilen Frauen warten, die sie flachlegen können. Diese Typen entsprechen absolut nicht dem, was sich Frauen unter ihrem Traummann vorstellen. Zu einem Callboy gehört viel mehr, aber die Welt wird eben immer noch weitgehend von Männern diktiert. Wäre es umgekehrt und säßen mehr Frauen in führenden Positionen, so ginge es auch den Callboys besser. Auf der anderen Seite ginge es aber auch den Prostituierten besser. Bei den Männern herrschen Neid und Mißgunst vor. Wenn ich zum Beispiel auf einer »Ladies' night« bin und die Männer hinterher ihre Frauen abholen, ich dann zufällig herauskomme und die Mädels mir vielleicht noch ein Küßchen geben wollen, dann glaubt man nicht, wieviel Haß in den Augen der Männer zu sehen ist. Auch beim Wachpersonal oder der männlichen Bedienung spürt man Haß und Neid. Ich weiß nicht, wie es in anderen Ländern ist, aber ich finde, in Deutschland regieren Mißgunst und Haß. Man gönnt dem anderen nicht die Butter auf dem Brot. Wenn ich fünfzehnhundert Mark für eine Nacht bekomme, gebe ich soviel von mir selbst – in jeder Hinsicht, ob nun im sexuellen oder psychischen Bereich – wie kaum jemand anderer in einem Monat.

Die Männer sehen mich als Konkurrenten, viele belächeln mich, aber ich habe auch viele Neider. Und dabei habe ich viele Ehen gekittet. Bei vielen meiner Kundinnen kriselte es so stark in der Beziehung, daß die Frauen keinen Ausweg mehr sahen, als mich zu buchen. Meistens ist der Grund für die sexuelle Unzufriedenheit, daß sich die Paare sexuell gar nicht ausleben konnten: Erst fand die Nullachtfünfzehn-Kiste statt, dann kam ein Kind, vielleicht auch noch ein zweites, dann wurde die Frau vielleicht ein bißchen mollig. Ich finde, daß Rundungen angenehm und nett sein können, denn Frauen sollten feminin aussehen. Diese dürren Bohnenstangen sind nicht mein Fall. Viele Männer messen ihre Frauen aber permanent an diesen Schönheitsidealen. Sie sind in dieser Beziehung primitiv und engstirnig. Sie schauen in ein Heftchen, sehen nur diese Silikonbrüste und schöne Models und stellen sich dann nur noch solche Frauen im Bett vor. Ich erlebe es tagtäglich, wenn Männer anrufen, nach einer Stripperin fragen und ihr Aussehen genau beschreiben: mindestens einen Meter siebzig groß, schlank, aber schmale Taille und dicke Titten sowie lange blonde Haare. Letztendlich fassen sie ihre eigenen Frauen nicht mehr an, weil sie rund geworden sind, für sie unschön und unfein. Und dabei hat man sich früher doch eigentlich geliebt. Ich frage mich, ob alles nur Lug und Trug ist, ob man sich in Deutschland nur aus Zeitvertreib verheiratet, ob die Ehe zu einem Hobby oder Volkssport verkommen ist. Wenn ich die vielen Scheidungen sehe, kann ich nur sagen, daß sich die Paare nicht richtig geliebt haben, bevor sie sich zusammengetan haben.

Die Männer nehmen sich nicht genug Zeit für die Frauen. Sie müssen mehr Gefühl einbringen, um die Frauen mal zu überraschen, einfach in den Arm zu nehmen, zu streicheln und Komplimente zu machen. Frauen sind in der Hinsicht anspruchsvoller, Männer dagegen relativ einfach zu stimulieren, aber in ihrer Gefühlswelt verarmt. Das fängt schon in der Erziehung an: Ein Mann muß hart sein, ein Junge weint nicht. Dabei sind es die Frauen, die ihre Jungen erziehen und sich auch immer Söhne wünschen, während die Männer sich mehr ein Mädchen wünschen.

In der Erziehung liegt auch begründet, warum Männer und Frauen nicht oder nur schwer über ihre Sexualität sprechen können. Die Männerwelt ist rüde, da wird geprahlt, wen man alles flachgelegt hat. Mit seiner eigenen Frau kann man nicht darüber sprechen, weil man Angst davor hat, sich zu outen. Ein Mann fürchtet sich, seiner Frau zu gestehen, daß er es schön findet, wenn sie ihm beim Geschlechtsakt den Finger in den Po steckt, denn er glaubt, daß sie ihn für pervers hält. Frauen machen in diesem Punkt auch viel verkehrt. Sie weigern sich, es französisch mit ihrem Mann zu machen, weil sie das auch für pervers halten. Dabei kann man so etwas auch spielerisch machen. Wenn man merkt, daß sie nicht will, dann zieht man sich erst einmal zurück und versucht, die Frau anders zu stimulieren, bis sie von selbst Lust bekommt, den Schwanz in den Mund zu nehmen.

Man sollte Sex einfach nicht so todernst nehmen, sondern das Ganze auch mit Humor angehen, es ganz entspannt genießen. Viele sind immer noch so verklemmt, aber in einer Beziehung muß man sich ganz öffnen. Wenn man nicht ehrlich miteinander ist, bekommt man leicht einen Knacks und deshalb sollte man den Mut aufbringen, seine Wünsche auf den Punkt zu bringen. Ich habe vielen Frauen geholfen, ihre Ehe aufrechtzuerhalten, indem ich ihnen klargemacht habe, daß nicht nur der Mann Entscheidungen im Bett trifft. Ich habe versucht, ihre Hemmungen abzubauen. Diese Hemmungen umgehe ich mitunter spielerisch, ich albere viel im Bett und das hilft den Frauen letztendlich, mit ihrem Mann im Bett viel lockerer umzugehen.

Bei meinen ersten Besuchen lasse ich mir zunächst den Tagesablauf einer Frau schildern. Ich möchte wissen, wie bei ihr der Alltag aussieht. Bei einer Kundin stellte sich heraus, daß der Mann immer unterwegs war. Haushalt, Kinder, und ab und zu ein Nümmerchen auf die schnelle schieben, das war ihr Leben, und dazu hatte sie keine Lust mehr: Es ekelte sie schon an, wenn er seine Unterhose herunterzog und sie seinen Schwanz sah. Dann wollte sie nur schnell das Licht ausschalten, damit sie von dem ganzen Drumherum nichts mehr mitbekam. Ich riet der Kundin, die Kinder irgendwo unterzubringen und auch mal auszugehen – auch wenn sie nur eine Freundin besuchte –, nur um dem Mann zu zeigen, daß sie auch weggehen konnte, wann sie wollte, und nicht nur da war, um auf die Kinder aufzupassen. So wurde sie mit der Zeit flügge, ging immer häufiger aus, blieb auch mal über Nacht weg. Und da besann sich der Mann plötzlich, fing an, um sie zu werben und wurde viel feinfühliger. Für einen Mann gibt es nichts Schlimmeres als einen Nebenbuhler – selbst wenn er nur in seiner Phantasie existiert. Also begann er wie ein Gockel um sie zu werben, machte ihr Komplimente, versuchte ihr entgegenzukommen. Aber Vorsicht: Diese Methode kann natürlich auch in die Hose gehen, wenn der Mann von Natur aus aggressiv ist. In dem eben geschilderten Fall demonstrierte die Frau dem Mann ihre Selbständigkeit, was ihn natürlich hellhörig machte. Sie wurde auf einmal auch im Bett für ihn interessanter: Sie ging mit Berührungen lockerer um, kannte – dank meiner Hilfe – auch mehr Techniken. Zum Beispiel wußte sie jetzt, wie sie ihrem Mann einen blasen konnte. Sie entspannte sich beim Sex auch viel mehr, weil sie mit mir einen Orgasmus erlebt hatte und jetzt nur noch auf ihren Mega-Orgasmus wartete. Ihr Partner veränderte sich völlig, denn seine Frau war jetzt viel attraktiver für ihn. Sie tat auch einiges an ihrem Outfit.

Viele Frauen haben von solchen Dingen – beim Make-up angefangen – wenig Ahnung. Auf diesem Gebiet habe ich mich aber inzwischen fit gemacht. Ich kenne mich mit Parfums, Brustkrebs und Cellulitis aus, daneben bin ich über verschiedene Cellulitis-Behandlungen und Massagemethoden informiert. Ich habe mich in jeder Hinsicht mit spezifisch weiblichen Problemen und Themen, die Frauen interessieren, beschäftigt. Ich gehe sogar mit den Kundinnen einkaufen. Das ist natürlich kein allgemeingültiges Rezept, denn es gibt Leute, die ein Brett vor dem Kopf haben und denen man nicht helfen kann, aber ein großer Teil wacht auf. Wichtig ist natürlich auch, daß beide lernen, im Bett miteinander zu sprechen. Man meint immer, die Frauen wären verklemmt, aber die Männer sind noch viel schlimmer. Wenn eine Frau in der Lage ist, sich im Bett verbal zu äußern, turnt das einen Kerl an. Manchmal müssen die Frauen ihren Typ verändern und gehen danach auch ganz anders durchs Leben: Sie werden selbstbewußter. Wenn sie aus Scham beim Gehen den Kopf nach unten senken, dann brauchten sie jemanden wie mich, der ihnen den Rücken stärkt. Aber ich kann ihnen nur bis zu einem gewissen Grad helfen – den Rest müssen sie alleine beziehungsweise zusammen mit ihrem Mann schaffen.

Ich habe zur Zeit eine Kundin, die sich von ihrem Mann getrennt hat. Er weiß auch, daß sie jemand anderen hat, und überschüttet sie mit Komplimenten, steht jeden Tag vor ihrer Tür – sie ist ausgezogen – und wirbt um sie. Sie genießt es in vollen Zügen und sagt: »Du kriegst mich erst mal nicht, da muß noch eine Menge mehr passieren. Was du mir die ganzen Jahre angetan hast, das will ich zurückhaben, und zwar doppelt und dreifach.«

Wenn er sie noch liebt, dann kämpft er um sie, und wenn er irgendwann resigniert, dann war es nicht der Richtige. Er muß kämpfen, er muß bluten. Ich bin in solchen Fällen skrupellos und sadistisch, weil ich mitbekomme, was diese Frauen nach ein paar guten und schönen Jahren an Furchtbarem mitgemacht haben.

Die meisten Frauen rufen an, weil sie sich allein gelassen fühlen und einsam sind. Schon bei den ersten Kontakten merkt man, daß allein bei Berührungen wie einfachem Handauflegen der ganze Körper in Vibration gerät. Meine Kundinnen sagen dann auch, daß sie sich gewünscht hätten, daß ihr Partner sie einfach einmal in den Arm nimmt. Gerade Männer fürchten sich vor körperlicher Nähe, haben Angst, zu sehr umarmt oder gedrückt zu werden. Warum, das weiß ich auch nicht genau, denn ich lasse mich gerne umarmen. Vielleicht gilt körperliche Nähe als unmännlich, denn die Männerwelt muß hart und beständig sein, und viele Männer stehen zudem unter Leistungsdruck. Männer denken ziemlich einfach und engstirnig, und meistens haben sie ihren Verstand zwischen den Beinen. Ich bin zwar auch ein Mann, aber ich gehe mit dieser Sache anders um, und es gibt auch viele andere, die so sind wie ich.

Aber die meisten Männer müßten einiges an sich verändern. Bei mir rufen von Zeit zu Zeit Männer an, die sich Ratschläge geben lassen, weil ihr Schwanz zu dick oder zu klein ist. Ich habe auch nur einen Penis, der ganz normal ausgebildet ist. Man muß eben nur wissen, was man damit anfangen kann. Es reicht einfach nicht, ihn rein- und rauszuschieben, sondern man sollte, wenn man mit einer Frau schläft, auch ein bißchen experimentieren, ganz spielerisch ein paar neue Bereiche erkunden. Wenn man ein wenig feinfühlig ist, merkt man, daß die Frau bei einer bestimmten Position mehr empfindet. Man muß einfach Phantasie entwickeln. Leider sind die meisten Männer ziemlich phantasielos, kennen nur die Missionarsstellung, und dabei sind die Stellungsmöglichkeiten fast unendlich! Ich kann nur raten, es auch einmal an ungewöhnlichen Orten zu treiben und nicht immer nur das Bett anzusteuern, denn das kann auf Dauer auch Langeweile in der Sexualität bedeuten. Männer sollten ruhig versuchen, ihre Frau zu verführen, zum Beispiel mit ihr irgendwo hinfahren und sie überraschen. Sie sollten nichts planen, sondern ganz spontan handeln und dabei alle ihre Sinne benutzen, um die Partnerin wahrzunehmen, sie erhorchen, riechen und mit der Zunge schmecken. Vielleicht bin ich auch aus der Art geschlagen, aber man kann mit der Zunge allerhand erforschen! Wofür haben wir die Sinnesorgane geschenkt bekommen, wofür haben wir eine Haut, die sensibel auf Berührungen reagiert? Die meisten Menschen sehen nur die Geschlechtsorgane und wissen nicht, was man bewirken kann, wenn man nicht nur mit einer Frau schläft, sondern sie auch sanft berührt oder leicht ihren Po massiert.

Viele Menschen – Männer und Frauen – sind einfach nicht aufgeklärt. Man hört zwar seit einiger Zeit in den Medien viel von erogenen Zonen und dem G-Punkt, aber es ist ein Fehler, sich nur auf den G-Punkt zu konzentrieren, weil das Streß auslösen kann. Mich haben schon viele Jungs angerufen, die verzweifelt danach gesucht, ihn aber nicht gefunden haben. Meistens konzentrieren sich die Männer sowieso viel zu stark auf die Scheide, und dabei gibt es so viele erogene Zonen. Wenn man mit der Zunge durchs Gesicht geht, merkt man, daß überall Nerven sind. Man sollte vielleicht mehr in die kindliche Sexualität zurückgehen, das heißt ertasten, spielerisch die Sexualität erkunden.

Ich gebe viel und erwarte eigentlich nicht, daß man mir etwas zurückgibt, aber die Sehnsucht nach einer Reaktion ist natürlich da. Je mehr eine Frau empfindet, desto größer sind die Wogen, die zurückkommen. Mir sagen viele nach, daß ich naiv wäre. Manche meinen zwar, ich sei ein Profi, schwer zu durchschauen und ein guter Schauspieler, aber das bin ich in dem Moment des Geschlechtsaktes nicht. Jede Frau ist für mich eine neue sinnliche Erfahrung, weil jede Frau andere Empfindungen hat und ganz unterschiedlich auf bestimmte Reize reagiert. Merkwürdigerweise können sich Frauen bei einem Fremden besser öffnen als bei ihrem Partner, mit dem sie schon jahrelang zusammenleben. Oft sagen sie nach dem Date, daß sie nicht wissen, was sie gemacht haben, sie hätten einfach die Kontrolle über sich verloren. Ich besitze die Fähigkeit, eine Frau zu umschwärmen und willenlos zu machen, wobei willenlos natürlich nicht in dem Sinne zu verstehen ist, daß ich sie vergewaltige oder ihnen etwas Böses antue, sondern daß sie sich einfach entspannen und fallenlassen können. Das liegt an meinem Umgang mit der Sexualität. Es ist für die Frauen so, als wären sie in mich verknallt, als wäre es das erste Mal, und dann haben sie das Gefühl, daß sie mir alles geben wollen und von mir auch alles zurückbekommen. Für manche ist es auch die zweite Chance, alles besser zu machen. Sie erzählen mir beim ersten Date schon so viel von sich, und ich bekomme so viel Hingabe von ihnen, daß die Männer es wohl schon von Anfang an verkehrt angestellt haben müssen.

Viele Frauen bekommen ihren Orgasmus, wenn es denn überhaupt einer ist, nur im Suff. Ohne Alkohol kann man in vielen deutschen Betten nicht gelöst sein. Viele Kundinnen sind verblüfft, wenn ich anstandshalber höchstens ein Glas Sekt trinke, weil das viele Frauen am Anfang zur Lockerung der Atmosphäre brauchen. Bei der Sexualität sollte man den Alkohol aus dem Spiel lassen, denn es geht auch ohne – ich bin das beste Beispiel dafür.

Männer wünschen sich immer die Superfrauen, aber wenn sie dann so eine Frau im Bett haben, bringen sie auch nur ihre Nullachtfünfzehn-Nummer. Wozu brauchen sie dann eigentlich eine Superfrau? Wenn ich mir so eine Frau leisten will, muß ich doch auch etwas zu bieten haben. Mir kommt das vor wie eine Trophäenjagd – Hauptsache, man hat etwas erlegt. Männer sind oft besitzergreifend, und es ist ihnen nur wichtig, hinterher sagen zu können: »Die habe ich auch besamt.«

Viele Männer reagieren sich bei den Frauen ab. Die Frauen erzählen mir, sie hätten das Gefühl, daß ihr Mann, wenn er mit ihnen schläft, alle seine Aggressionen bei ihr ablädt. Die Partnerin muß für das büßen, was tagsüber im Büro schiefgelaufen ist. Bei den jungen Männern ist die Einstellung aber schon anders. Sie gehen gefühlvoller mit der Sexualität um, geben sich wahnsinnig viel Mühe, fragen mich, wie man ein guter Liebhaber wird. Ich gebe ihnen immer zu verstehen, daß es nicht davon abhängt, wie beständig man ist und wie lange man kann. All das ist nebensächlich, denn es kommt darauf an, was man vorher mit seiner Partnerin macht. Die Frauen wollen nicht unbedingt den Schwanz reingeschoben bekommen und dann gerammelt werden, sie möchten Zärtlichkeit, erwarten Einfühlungsvermögen.

Beim Thema Orgasmus kann ich nur über meine eigenen Erfahrungen sprechen, denn darüber habe ich noch mit keinem anderen Mann geredet. Seit vier Jahren empfinde ich meinen Orgasmus viel intensiver. Vor meinem normalen Orgasmus, bei dem es zur Ejakulation kommt, habe ich Vororgasmen – kleine, geile Gefühle – immer abwechselnd vom Hoch zum Tief, aber es kommt nie zur Ekstase – die kommt erst am Schluß, wenn ich ejakuliere.

Bei einer Frau spielt sich der Orgasmus ganz anders ab. Er besteht aus Zyklen, mehreren kleinen Orgasmen, die sich zum Hauptorgasmus steigern. Über diesen Hauptorgasmus kann es aber auch hinausgehen: Wie beim Treppensteigen fängt man bei der untersten Stufe an und baut immer mehr auf. Es gibt aber auch Frauen, die ihr Hoch ganz schnell kriegen und dann auch ganz schnell wieder fallen. Die Orgasmusprobleme der Frauen sind meistens in der Vorbereitungsphase begründet, in der Aufwärmphase. Eine Frau muß sich erst lockern und lösen. Natürlich gibt es auch Unterschiede, aber ich spreche hier von den Frauen, die sich erst gedanklich auf die Situation einstellen, sich entspannen müssen, bevor sie einen Orgasmus erleben können. Man muß bei allen Frauen ganz behutsam vorgehen, viel Gefühl einfließen lassen, erspüren, was der Partnerin gefällt. Wenn es trotzdem nicht klappt, sollte man das Vorspiel etwas kürzen, denn manche Frauen brauchen einen etwas heftigeren Partner, der sie etwas härter rannimmt.

Zum Teil kennen Frauen ihren eigenen Körper nicht. Sie versuchen, sich selbst mit den Fingern zu stimulieren, aber es passiert nichts. Viele wissen nicht einmal, wo ihre Klitoris sitzt. Es kommt oft vor, daß meine Kundinnen und ich einfach nebeneinanderliegen, daß sie sich ihr Geschlechtsteil massiert, und ich mache es bei mir. Dieses gegenseitige Geilmachen ist sehr schön. Ich finde es auch gar nicht verkehrt, wenn eine Frau mit ihrem Partner gemeinsam im Bett liegt und anfängt, an sich herumzuspielen. Anfangs schockiert das die Männer vielleicht, aber dann macht es sie doch an.

Ich hatte einmal eine Kundin, die sich nur deshalb selbst befriedigte, weil ihr Mann schon jahrelang nicht mehr mit ihr schlief. Sie legte sich ein Bettlaken zwischen die Beine, rubbelte ein bißchen damit rum und konnte so einen Höhepunkt bekommen. Ich erforschte dann mit ihr zusammen ihren Körper. Zuerst kam sie durch meine Hand zum Orgasmus. Später war sie dann soweit, daß ich mir einen runterholte und sie sich selbst befriedigte.

Manchmal spiele und sauge ich am Kitzler der Frau, damit er größer wird und sie ihn sehen kann. Wir stellen uns dann gemeinsam vor den Spiegel, damit sie sich selbst kennenlernt. Man kann sich auch gemeinsam vor dem Spiegel ausziehen und im Stehen anfangen, sich gegenseitig zu berühren. Wenn die Frauen schon nicht wissen, wo sie berührt werden wollen, wie soll es dann der Mann wissen? Es sind oft die einfachsten Dinge, die die Frauen nicht wissen. Sie gehen mit sich selbst oft viel zu grob um, rubbeln und reiben, was das Zeug hält, ohne Lust dabei zu empfinden.

Wir sind natürlich in der heutigen Zeit schon viel weiter als noch vor dreißig Jahren: Es gibt Bücher, und in den Medien wird viel über Sexualität gesprochen. Aber viele Frauen trauen sich noch nicht einmal in eine Videothek, und den Mut, einen Ratgeber oder eine Fachbroschüre zu kaufen, haben sie schon gar nicht. Wie sollen sie es dann lernen? Frauen haben es aber auch schwerer, denn oft sitzen Männer am Beratungsstand oder an der Kasse, und die denken vielleicht: »Na, die wird es wohl nötig haben!« Wenn man als Frau in einen Sexshop geht, gilt man gleich als Nymphomanin. Mittlerweile gibt es ja – Gott sei Dank – Sexshops für Frauen. Einen Tag in der Woche haben auch Paare Zutritt, aber Männer allein sind nicht zugelassen, und das ist gut so, denn es gibt viele Männer, die nur in solche Läden gehen, um sich aufzugeilen. Ihren Frauen nette Wäsche zu kaufen, dazu reicht es ihnen jedoch nicht.

Sex ist das Schönste, was es auf der Welt gibt, und man fühlt sich danach gut. Ich hatte Kundinnen, die fühlten sich nach gutem Sex riesig und sagten, daß es am nächsten Tag im Büro alle sahen, weil man ihnen es immer anmerkte, wenn sie frisch gefickt worden war. Man kann es an den Augen sehen, an den erweiterten Pupillen. Es ist so, als hätte man gerade eine Vitaminspritze gekriegt.

Auf Dauer gesehen ist der Job des Callboys natürlich sehr belastend, denn ich werde mit vielen Konflikten und Problemen konfrontiert. Das frißt einen auf Dauer auf. Teilweise bekomme ich sexuelle Probleme, weil ich mit so vielen

Problemen konfrontiert werde, daß ich selber es nicht mehr verkraften kann. Ich nehme immer sehr großen Anteil und kann mich gut in die jeweilige Situation hineinversetzen. Deshalb heule ich nach einem Date manchmal Rotz und Wasser, denn ich muß die Probleme ja auch verarbeiten. Ein paarmal habe ich bei Kundinnen so reagiert, aber sie fanden das gut, weil ich ihnen damit meine Menschlichkeit zeigte und sie das Gefühl hatten, daß ich Anteil an ihrem Schicksal nahm. Es hängt sicher auch mit meinem Alter zusammen, daß sich die Frauen mir gegenüber so öffnen. Als ich jünger war, dachte ich, es müsse sich alles im sexuellen Bereich abspielen und konnte mich deshalb den Frauen nicht besonders gut zuwenden – ich war ihnen gegenüber nicht offen.

Heute kommen sehr viele Frauen zu mir, die nur jemanden bei sich haben möchten, die psychische Probleme und Ängste haben. Ich habe zum Teil Frauen, die schon jahrelang in Behandlung waren, aus ihrer Krise herausgeholfen. Eine Kundin kippte beispielsweise einfach manchmal um, und kein Arzt konnte ihr helfen. Sie war deshalb sogar in Therapie. Ich fragte sie dann, ob sie jemals sexuelle Erregung verspürt hätte. Sie war achtunddreißig Jahre alt, hatte zwar Männerbekanntschaften gehabt, aber nie etwas Sexuelles. Bei ihr war alles wie tot. Ich denke, daß die Seele kaputtgeht, wenn man nie sexuell aktiv wird. Menschen, die behaupten, sie könnten ihr ganzes Leben abstinent sein, erzählen Lügen. Selbst Priester holen sich einen runter, und auch Nonnen befriedigen sich selbst, vielleicht auch gegenseitig. Irgendwann macht jeder seine sexuellen Erfahrungen. Das Problem ist, daß bei vielen der Sexualtrieb verkümmert. Wenn sie älter werden, finden sie sich nicht mehr attraktiv genug. Genau hier setze ich an: Ich kann meinen Kundinnen zeigen, daß sie attraktiv sind oder etwas aus sich machen können.

Außergewöhnliche Sex-Geschichten

Das normale Date findet meistens in der Wohnung der Kundin statt. Manchmal merke ich aber, daß die Frau zu befangen ist, dann schlage ich vor, in ein Hotel zu gehen. Um den Kopf freizubekommen, ist es einfach manchmal besser, sich auf neutralem Boden zu bewegen. Das Zimmer muß natürlich von der Kundin zusätzlich bezahlt werden. Ein Zimmer im Stundenhotel kostet um die neunzig Mark und kann drei bis vier Stunden genutzt werden; je nachdem, welchen Komfort die Kundinnen erwarten, habe ich noch ein paar normale Hotels zur Auswahl. In der Regel wollen die Frauen nur ein einfaches, nettes Zimmer, vielleicht mit Fernseher oder Radio. Vor dem Stundenhotel haben manche Frauen Angst, weil es meistens mit einem Nachtclub oder einer Bar gekoppelt ist und auch Barfrauen und Professionelle die Zimmer nutzen. Außerdem befürchten sie, es könnte nicht richtig sauber sein. Es kommt immer häufiger vor, daß Frauen in Hotels wollen, weil sie zum einen Angst davor haben, daß die Nachbarn etwas mitbekommen könnten, zum anderen haben sie oft einen Partner und wollen mich deshalb lieber auf neutralem Boden treffen.

Manchmal treffe ich mich mit Frauen zuerst in der Stadt, zum Beispiel am Blumenstand im Hauptbahnhof. Frauen hassen es, daß Männer grundsätzlich zu spät kommen. Deshalb versuche ich immer überpünktlich zu sein. Ich beschreibe ihr am Telefon, welche Kleidung ich tragen werde, wobei ich vorher herauszufinden versuche, was sie gerne anzieht, damit ich mich in der Kleidung anpassen kann. Oft gibt es zwischen uns ein paar Jährchen Altersunterschied, und es ist einfach unangenehm, wenn jeder sieht, daß sich eine ältere Frau einen jungen Lover genommen hat. Nach dem Treffen gehen wir normalerweise in einem Lokal einen Kaffee oder ein Bier trinken. Wenn wir uns dann ein klein wenig beschnuppert haben, klären wir, wo wir uns letztendlich treffen werden. In einem Fall hatte ich den »Eignungstest« bestanden, und wir gingen zu ihr nach Hause. Wir hatten zunächst ein paar Stunden vereinbart, wobei sie das Date verlängern wollte, sollte es ihr gefallen. Die Frauen wissen nicht, was auf sie zukommt, und eine Nacht kann sehr lang sein. Deshalb rate ich den Unsicheren, erst einmal ein paar Stunden zu buchen – aufstocken können sie dann immer noch.

Einmal fuhr ich zusammen mit einer Kundin zu ihr nach Hause, weil sie etwas außerhalb wohnte. Wir mußten sogar ein Stück Autobahn fahren. Es war schon etwas dunkel und eine schöne milde Sommernacht. Wir kamen uns während der Fahrt körperlich näher und merkten, daß wir es nicht bis zu ihr nach Hause schaffen würden. Also fuhren wir den nächsten Parkplatz an. Dort stand nur ein LKW-Anhänger ohne Zugmaschine, und es war niemand zu sehen. Wir begannen uns zu streicheln, ich öffnete ihr die Bluse, sie mir die Hose, und wir streichelten und kraulten uns. Wir waren toll in Fahrt, und so ergriff ich die Initiative, trug sie aus dem Auto und legte sie auf den Sattelschlepper. Wir waren beide geladen und so geil, daß uns alles egal war. Mittlerweile fing es an zu blitzen und zu donnern, aber das interessierte uns nicht. So bemerkten wir auch nicht, daß sich ein

LKW näherte. Zuerst wollte ich gar nicht aufhören, weil es gerade so schön war, aber dann packte ich sie wie ein Klammeräffchen, und so sind wir gemeinsam zum Auto zurückgegangen. Ich schmiß sie in meinen Wagen, stieg selber ein und machte die Tür zu. Der LKW kam näher. Es handelte sich offenbar um die Zugmaschine, die zu dem abgestellten Anhänger gehörte. Der Fahrer guckte ganz neugierig, denn ich war gerade dabei, meine Hose hochzuziehen. Ihr war das dann doch peinlich. Sie glaubte, daß der Fahrer uns beobachtete und war sicher, daß wir es mit einem Spanner zu tun hatten. Ich fuhr daraufhin vom Parkplatz in die Büsche hinein, denn wir waren gut drauf und wollten weitermachen. Ich fuhr zu der Zeit einen Mitsubishi-Geländewagen und hatte im Fond Decken liegen. Also machte ich hinten die Klappe auf, legte sie behutsam auf die Decke, und dann legten wir los. Es war wunderschön, und sie ging richtig mit. Ich konnte mich gar nicht richtig auf den Sex konzentrieren, weil ich immer nebenbei auf das achtete, was um uns herum vorging. Plötzlich sah ich, wie der Fahrer aus der Zugmaschine stieg und stehenblieb. Dann ging er in seinen LKW, holte eine Taschenlampe und kam damit auf uns zugerannt. Ich bin sofort von der Frau runtergestiegen, habe sie von hinten gepackt, in den Kofferraum geschoben und die Tür zugeknallt. Ich zog die Hosen hoch, rannte auf ihn zu und brüllte ihn an, ob er nichts anderes zu tun hätte, als zu spannen.

Er entschuldigte sich und erklärte, er hätte geglaubt, daß wir etwas mit seiner Zugmaschine anstellen wollten. Ich glaube, er war auch von meiner Offenheit schockiert. Mittlerweile fing es immer heftiger an zu donnern und zu blitzen, und der Fahrer donnerte schließlich mit seiner Zugmaschine davon. Es kam zum Glück niemand mehr, und wir konnten in Ruhe weitermachen. Wir liebten uns erst französisch, um uns anzuheizen, dann ging es normal weiter. Es fing dann richtig an zu regnen, aber das war uns egal. Sie lag sehr bequem hinten im Geländewagen und sagte sogar nachher, so bequem sei sie noch nie gebumst worden. Ich stand draußen im Regen, sie hatte die Beine mal auf meinen Schultern, mal gekreuzt vor meiner Brust. Der Wagen hat die ideale Höhe für mich, und es war trotz aller widrigen Umstände himmlisch. Ich war natürlich hinterher patschnaß. Vom Parkplatz aus fuhren wir zu ihr nach Hause, wo sie mich versorgte, da ich total durchgefroren war. Ich fand die Nummer auf dem Parkplatz einfach toll, und sie auch, denn so hatte sie es noch nie gemacht. Und über einen Mangel an Spannung konnten wir uns beide nicht beklagen.

Mit einer Kundin hatte ich Sex während der Autofahrt. Mit einem Geländewagen ist das machbar, denn die sind sehr geräumig: Man stellt den Sitz ganz nach hinten und tuckert dann im fünften Gang mit Achtzig über die Autobahn. Wir saßen uns gegenüber, sie vor mir. Die linke Hand lag normal auf dem Lenkrad, die rechte brauchte ich nicht unbedingt. Wenn die Ekstase zu groß wurde, kamen wir auch mal in etwas höhere Drehzahlen. Es war abends, und mein Wagen hat getönte Scheiben. So kann man nicht viel sehen, aber letztendlich war es mir auch egal, ob andere Autofahrer irgend etwas bemerkten. Manche Frauen mögen spannende Situationen, bei denen man auch erwischt werden kann.

Außergewöhnlich in dieser Hinsicht war auch eine Kundin, die mir während des Essens in einem Restaurant unter dem Tisch einen runterholen wollte. Unsere Kleidung war ziemlich vulgär, jedenfalls würden das viele Leute so empfinden: Sie hatte einen extrem tiefen Ausschnitt, beide trugen wir Lackklamotten. Wir gingen in einen Laden, wo eben ganz andere Leute verkehrten; Frauen, die so etwas tun wollen, stehen meist mit beiden Beinen fest auf dem Boden, häufig sind es auch Geschäftsfrauen.

Eine andere brachte eine Freundin mit, die in einem Nachbarzimmer mit Verbindungstür alles miterleben sollte. Dieser Liebesakt dauerte die ganze Nacht, eine Art Marathon. Ich merkte, daß die Kundin voll auf ihre Kosten kommen wollte. Das Bett war aber nicht das richtige, sie war nervös und unruhig. Also hob ich sie auf das Nachtkommödchen, von dort aus zum Tisch, dann unter die Dusche, von der Dusche auf den Boden, dann zur Fensterbank. Wir probierten jeden Platz in dem Hotelzimmer aus. Es gab kein Fleckchen, auf dem wir uns nicht geliebt hätten. Dabei war sie auch noch extrem laut, so daß ich dachte, gleich würde die Freundin auch noch auf der Matte stehen. Ich hatte den Eindruck, daß sie sich nicht getraut hatte, ihren wirklichen Wunsch zu äußern: einen Dreier.

Eine andere Kundin führte mich in ein stockdunkles Zimmer, in dem man absolut nichts sehen konnte. Als wir zur Sache kamen, spürte ich plötzlich, daß noch jemand im Zimmer war. Ich sprang auf und suchte nach dem Lichtschalter. Als das Licht anging, saß in einer Ecke so ein kleiner Kerl und holte sich gerade einen runter. Es stellte sich heraus, daß es der Mann der Kundin war, der es ihr nicht mehr besorgen konnte und ihr gestattete, daß sie sich einen Callboy nahm, aber er wollte auch etwas davon haben. Ich nahm sofort mein Geld und ließ die beiden verdutzt zurück. Für mich war das Betrug. Sie hätte mir einfach vorher sagen müssen, daß ihr Mann dabeisein wollte, dann wäre das kein Problem gewesen, aber so ließ ich nicht mit mir umspringen.

Das war jedoch eine Ausnahme, denn in der Regel wissen die Männer nichts von den Dates ihrer Partnerinnen. Es ist zwar auch schon mal vorgekommen, daß ich zu einem Paar ging, irgendwann mit ihr im Schlafzimmer verschwand, und dann überlegte es sich der Mann plötzlich anders und wollte mitmachen. Aber das ist eher die Ausnahme.

Dann gibt es Männer – das ist häufig der Fall in Beziehungen, wo der Mann erheblich älter ist –, die geben ihren Frauen Geld für einen Lover, weil sie meinen, die Frau braucht das, um glücklich zu sein. Ich lernte einmal ein solches Paar kennen, bei dem ich wirklich Skrupel bekam, weil die beiden so herzlich und lieb miteinander umgingen. Er liebte sie, und sie liebte ihn wohl auch, aber er war absolut nicht mehr standfest. Deshalb wollte sie Sex mit jüngeren Männern. Er war einverstanden unter der Bedingung, daß er darüber Bescheid wußte. Er kannte mich, wußte, daß ich ein Callboy war und empfand die Beziehung seiner Frau zu mir deshalb nicht als Untreue – schließlich war es mein Beruf. Als ich merkte, daß die Frau irgendwann mehr wollte als Sex, brach ich die Beziehung sofort ab. Sie besaß zwar eine eigene Penthousewohnung, und beinahe wäre ich schwach geworden, weil ich auch mit Leuten zusammenkam, die richtig Geld hatten. Aber ich stand selber in einer Beziehung, und die wollte ich für kein Geld der Welt aufgeben.

Man hat mir schon so viel Kohle geboten, daß ich heute ausgesorgt hätte, hätte ich die Angebote angenommen. Da war zum Beispiel eine Unternehmergattin, die mich als Erbe einsetzen wollte. Sie hatte vor, mit mir Weltreisen zu unternehmen, um sich ihre letzten Jahre noch schön zu gestalten, und sie konnte sich vorstellen, mit mir ihren Lebensabend zu verbringen. Aber dazu hatte ich überhaupt keine Lust, weil ich mir vorgekommen wäre wie ein Gefangener, und das ertrage ich nicht. Es wäre mies und unehrlich gewesen. Zwar hätte ich finanziell ausgesorgt gehabt und würde heute vermutlich in ganz anderen Gewässern schwimmen, aber zu einem Leben gehört auch noch etwas anderes hinzu: Liebe. Deshalb ist mein Motto immer: »Du kannst mich nie ganz haben.«

Ich vermittle den Frauen immer das Gefühl, ich würde mich ihnen ganz geben, aber das tue ich natürlich nicht wirklich. Sie können nicht in mich hineinschauen, auch meine Gefühle und meine Seele kennen sie nicht. Lustgefühle habe ich auf jeden Fall, wenn ich mit ihnen schlafe, aber wenn ich eine Frau liebe und mit ihr schlafe, ist das ganz anders.

Bei einem meiner Auftritte als Stripper im süddeutschen Raum war unter den Zuschauern eine Frau im Rollstuhl. Keiner meiner Mitstripper schenkte ihr ein Lächeln oder beachtete sie in irgendeiner Form, obwohl sie sehr attraktiv war. Ich sah sie da sitzen und fand das ungeheuer mutig von ihr, in eine Disko zu gehen, um sich so eine Show anzusehen. Wir haben in unserem Programm eine »Ölnummer«. Dabei holt jeder Stripper eine Frau aus dem Publikum, die ihm beim Einölen behilflich ist. Ich ging also auf die Frau im Rollstuhl zu und fragte sie: »Möchtest du nicht bei der Ölnummer mitmachen?«

Sie war einverstanden, und ich habe sie zwei Stufen auf die Bühne hinaufgetragen. Ich schob sie mit ihrem Rollstuhl zwischen die anderen Mädels, und der Saal tobte. Meine Jungs waren etwas irritiert. Ich rieb mich dann mit Öl ein, kniete mich vor sie, und ließ sie meinen Oberkörper massieren. Normalerweise knien die Mädels vor mir, kneifen mich auch mal in den Po und gehen mit der Hand am Bein ent-

lang. Da das bei ihr nicht ging, legte ich mich quer über den Rollstuhl, und sie durfte mir dann den Po mit Öl einreiben. Der ganze Saal stand kopf, und sie hatte einfach Spaß dabei. Nach der Show, bei der Foto-Session, traute sie sich auch wieder nicht, auf mich zuzugehen. Ich ging ihr entgegen und wollte ihr ein Foto von uns allen geben, aber sie wollte nur eins von mir. Das hat sie auch bekommen, auf ihren Wunsch mit Unterschrift und Telefonnummer. Nach dem Umziehen wollte ich mich noch ein bißchen mit ihr unterhalten, aber sie war schon weg.

Ein paar Wochen später rief sie mich an und bat mich, sie zu besuchen. Sie hatte auch mit ihrer Mutter darüber gesprochen, die mit meinem Besuch einverstanden war. Da ich wußte, daß die Frau nicht viel Geld hatte, machte ich einen Sondertarif mit ihr aus. Normalerweise fahre ich weite Strecken nur mit dem Zug, aber in diesem Fall setzte ich mich ins Auto und fuhr dann für ein Nachtdate zu ihr. Sie zeigte mir erst einmal ihr Zimmer, das natürlich behindertengerecht eingerichtet war. Dann unterhielten wir uns über die »Ladies night«, weil das der einfachste Einstieg war. Sie erzählte mir, daß sie mit ihrem Freund einen Motorrad-Unfall gehabt hatte, bei dem er ums Leben gekommen war, und sie eine Querschnittslähmung davongetragen hatte. Mit der Zeit spürte ich, daß sie mit mir ins Bett gehen wollte, aber sie traute sich nicht so richtig. Ich hob sie aus dem Rollstuhl heraus, legte sie aufs Bett und entkleidete sie ganz behutsam. Sie wollte dann von mir eine kleine Strip-Einlage sehen, weil ihr die Bewegung meines Körpers so gut gefiel. Anschließend legte ich mich zu ihr ins Bett, und ich muß sagen: Sie war wunderschön!

Sie wollte mich einfach am ganzen Körper berühren, erspüren, drückte sich an mich. Sie hatte seit über vier Jahren keinen Mann mehr gehabt. Mutter- und Vaterliebe gut und schön, aber sie können körperliche Liebe nicht ersetzen. Ich habe sehr gute Antennen und merke, ob mir jemand gut gesonnen ist. Wenn ich das spüre, dann öffne ich mich ganz. Ich habe mich ihr völlig hingegeben. Es hat ihr Spaß gemacht, es bei mir französisch zu machen, und sie hat mir dann auch einen runtergeholt. Ich habe sie gestreichelt, aber ich wollte sie nicht fragen, ob sie etwas empfindet. Ich war mir nicht sicher, ob ich mit einer solchen Frage nicht etwas kaputtgemacht hätte. Vielleicht hätte ich damit abrupt die ganze Situation gestoppt. Manchmal ist es besser, nicht viel zu sagen. Sie hat unsere gemeinsame Nacht jedenfalls sehr genossen. Was ihr besonders gefiel, war, daß ich von Anfang an meine Gefühle so offen zeigte. Sie war aber auch sehr zärtlich, und das macht viel aus. Ich konnte nicht feststellen, ob sie einen Orgasmus hatte, und ich habe sie bis heute nicht danach gefragt. Sie war erregt, aber das kann auch extreme Aufgeregtheit gewesen sein. Wir hatten auf jeden Fall ein ganz tolles sexuelles Erlebnis, erlebten einen intensiven Austausch von Zärtlichkeiten. Sie hat mich vor ein paar Tagen wieder angerufen, möchte mich auch ganz gerne wiedersehen, aber es gibt dabei ein Problem: das Geld. Es ist leider Gottes so, daß ich damit mein Geld verdiene, und wenn ich bei einer Kundin ein Auge zudrücke, dann fahre ich demnächst nur noch gratis durch die Gegend. Wenn ich jetzt solo wäre und bei den Frauen schlafen und essen würde, wäre das etwas anderes, aber ich muß ja sehen, wo ich bleibe. Ich muß einfach ein gewisses Entgelt verlangen, sonst wäre das auch unfair gegenüber den anderen Frauen.

Ich habe eine Stammkundin, die ihren Sex regelmäßig braucht, und wir treffen uns zweimal im Monat. Sie hatte eine Miniskusoperation hinter sich gebracht und war ziemlich fertig. Sie lebte alleine, hatte auch mit ihrer Verwandtschaft nicht viel im Sinn, und so besuchte ich sie einige Male im Krankenhaus, wo sie mit zwei über sechzigjährigen Muttis auf dem Zimmer lag. Ich kam herein, setzte mich zu ihr aufs Bett und streichelte ihr die Hand. Das war vielleicht ein Fehler, denn sie streichelte mich auch, wir guckten uns an und wußten beide, was wir wollten. Es war drei Tage nach der Operation, und sie hatte einen dicken Gips. Als sie zur Toilette mußte, habe ich sie hingetragen und gewartet, bis sie fertig war. Sie wollte dann aber nicht gleich zurück, sondern ich sollte zumindest mal meine Hose herunterziehen und ein bißchen was zeigen. Wir befummelten uns, und es wurde dann sehr heftig, weil sie nicht gerade die Leiseste war. Aber es war total ungemütlich: Der dicke Gips störte, es war eng, und es roch nach Krankenhaus. Also beschloß ich, sie zurück in ihr Bett zu tragen und sie mit dem Bett irgendwo hinzuschieben, wo uns keiner störte. Die Omas wurden ganz aufgeregt, als ich sie aus dem Zimmer schob und wollten wissen, wo wir hinwollten und was sie den Schwestern sagen sollten.

Es war Hauptbesuchszeit und dementsprechend viel Betrieb auf der Station. Die zuständige Schwester wurde gerade von irgendeinem Besuch belagert, und so konnte ich die Kundin im Bett unbemerkt an ihr vorbeischieben und mit dem Lastenaufzug in den Keller fahren. Sie schmunzelte und war Feuer und Flamme.

Im Keller war es stockdunkel, und ich befürchtete, daß sie dort ihre Leichen aufhoben, aber sie beruhigte mich – wir taten schließlich nichts Unrechtes. Wir machten uns auf die Suche nach einer ruhigen Ecke und sind mit dem Bett durch zahlreiche Gänge gefahren, bis wir einen Winkel

fanden, in dem Gestelle mit Vorhängen standen. Diese plazierte ich als Sichtschutz vor das Bett. Jetzt konnten wir Gas geben! Wir fuhren dann wieder nach oben, sie lag mit glücklichem Gesicht im Bett, und es ist keinem aufgefallen. Eine Frau mit Gipsbein kann ich nur empfehlen: Man kommt auf die tollsten Stellungen.

Einmal bekam ich einen Anruf von einer sehr aufgeregten Dame, die wissen wollte, ob ich am gleichen Tag noch Zeit hätte. Ich sollte kurz vor Feierabend in einer Boutique erscheinen. Ich war bei meiner Ankunft ein wenig irritiert, weil noch einige Angestellte da waren und ich nicht wußte, wen ich ansprechen sollte beziehungsweise ob ich überhaupt schon reingehen sollte. Sie war am Telefon so hektisch gewesen, daß ich vergessen hatte zu fragen, wie sie aussah, und sie hatte wohl auch nicht daran gedacht, es mir zu sagen. Ich lief zehn Minuten vor der Boutique hin und her, in der Hoffnung, sie würde mich sehen und rauskommen, denn sie wußte, wie ich ausschaute, da sie aufgrund einer Empfehlung bei mir angerufen hatte. Schließlich ging ich hinein und tat so, als sei ich ein Kunde. Es stürzte sich auch gleich eine Verkäuferin auf mich, aber dann kam eine Frau von hinten und schlug vor, sie würde übernehmen. Nachdem die Verkäuferin gegangen war, sagte sie: »Du bist bestimmt der Sven. Tu doch mal so, als würdest du dich für eine Hose interessieren, und such dir etwas Nettes aus.«

Ich ging mit ein paar Hosen in die Umkleidekabine. In der Zwischenzeit schickte sie die Verkäuferinnen nach Hause und schloß den Laden ab, obwohl es noch nicht halb sieben war. Sie hatte es wahnsinnig eilig und ein großes Verlangen danach, mit mir in körperlichen Kontakt zu kommen. Sie kam zu mir in die Umkleidekabine, und ich wollte gerade fragen, wo wir hingingen, als sie mir die Hosen runterzerrte. Offensichtlich gefiel es ihr in der Kabine. Sie hatte es wahnsinnig eilig, und ich merkte, daß es ihr nur um Sex ging – Unterhaltung war völlig nebensächlich. Ich zog sie aus, und wir haben viel gelacht, denn man stieß andauernd irgendwo dagegen. Für einen Liebesakt ist eine Umkleidekabine auch nicht so ein geeigneter Platz, denn der Vorhang wackelte ständig. Ich fragte mich, was wohl die Leute dachten. Viele schauen ja ins Schaufenster, denken, es ist noch offen und merken dann, daß der Laden schon geschlossen ist. Was sie wohl angesichts des wackelnden Vorhangs dachten? Als wir schließlich ausgezogen waren, ging sie sofort in die Vollen – sie wollte auf jeden Fall mit mir schlafen. Es gab kein großartiges Vorspiel, sie hat die Initiative ergriffen und mich genommen. Sie bemerkte bei mir eine gewisse Schüchternheit, und das hat sie angeturnt. Wir haben miteinander geschlafen, aber ich war während der ganzen Aktion leicht irritiert, denn sie versuchte die ganze Zeit, ein bißchen aus der Kabine herauszukommen, um gesehen zu werden. Am liebsten wäre es ihr wohl noch gewesen, wenn ein paar Leute im Laden gestanden hätten. Sie brauchte wohl den Kick, mit mir zu schlafen und dabei eventuell gesehen zu werden. Es war nur etwas mehr als ein Quickie. Letztendlich sind solche Kundinnen natürlich viel unkomplizierter als die, mit denen ich erst lange sprechen muß.

Eine Stammkundin rief mich an und wollte mal etwas ganz Außergewöhnliches machen. Es sollte leicht anrüchig sein, so ein bißchen in Richtung Milieu. Ich schlug ihr einen Pärchen-Club vor, und da sie Angst hatte, gesehen zu werden, fuhren wir in einen Club außerhalb der Stadt. Normalerweise darf in einen Pärchen-Club niemand hinein, der dem Gewerbe nachgeht. Aber ich kannte den Besitzer, da ich schon öfter mit Kundinnen dort gewesen war. Ich hatte sie vorher schon heiß gemacht auf die knisternde Atmosphäre in solch einem Club. Sie war nervös, und so setzten wir uns erst einmal an die Theke, wo sie ein paar Gläser Sekt trinken konnte, denn das hilft manchmal. Dann schlenderten wir durch den Club, und ich zeigte ihr die verschiedenen Räumlichkeiten, um ihre Aufregung abzubauen. In diesen Pärchen-Clubs ist es ähnlich wie im Schwimmbad oder in einer Sauna: Man läßt seine Kleider in Schränken und trägt dort als Mann einen Body, String oder ähnliches. Anschließend aßen wir am Buffet eine Kleinigkeit, aber dann wurde bei ihr die Neugierde so groß, daß sie nach oben gehen wollte. Wir gingen zur Spielwiese – ein großer Raum voller Matratzen und Kissen, in dem Kleenex und Kondome griffbereit lagen. Es war aber kaum etwas los, nur vier oder fünf Pärchen befanden sich in dem riesigen Raum. Normalerweise wimmelte es von Leuten, und überall war Gestöhne zu hören – etwas, worauf ich total stehe. An einer Wand stand eine Art Hundehütte, eigentlich etwas für Voyeure, denn man kann schlecht von außen hineingucken, aber von drinnen die anderen beobachten. Wir krochen in diese Hundehütte, während die anderen Pärchen Partnertausch praktizierten. Das zu beobachten erregte sie sehr, und so mischten wir uns unter die anderen Pärchen. Ich merkte schnell, daß bei den Männern nicht viel lief: Die Frauen rackerten sich ab, haben gewichst und geblasen, aber die Schwänze kamen einfach nicht hoch. Diese Männer waren nur an der Theke mit der Schnauze ganz groß.

Die Frauen waren schon ganz frustriert. Meine Kundin und ich schauten uns an und mußten lachen. Wir waren ziemlich relaxed, und ich flüsterte ihr zu: »Komm, wir zeigen denen mal, wie man's macht!«

Sie spielte mit, weil sie es geil fand, die anderen zu animieren. Wir haben dann auf dieser Spielwiese miteinander geschlafen. Sie war sehr laut, ich war sehr laut, wir waren beide sehr heftig. Plötzlich mußte ich feststellen, daß immer weniger Leute auf der Spielwiese waren. Neben uns bemerkte ich eine junge Frau, die ihrem Partner einen blies. Er fixierte mit starrem Blick meine Kundin, aber trotzdem rührte sich nichts bei ihm. Schließlich war die Spielwiese ableer, denn die Männer waren so frustriert, daß sie alle abzogen. Bevor wir zum Höhepunkt kamen, stand plötzlich der Geschäftsführer in der Tür. Die Paare hatten sich offensichtlich zusammengerottet und bei ihm beschwert.

»Ihr vergrault alle Gäste. Was ihr hier treibt, ist eine Unverschämtheit«, fuhr er uns an.

»Du kannst froh sein, daß wir in deinem Laden die Animateure spielen«, erwiderte ich. »Es ist ja nicht meine Schuld, daß hier nur Impotente herumlaufen, die unten an der Theke den dicken Wilhelm raushängen lassen und hier oben kläglich versagen.«

Letztendlich mußten wir uns aber leider anziehen und gehen. Wir hatten aber trotzdem unseren Spaß.

Blick in die Zukunft

Mich faszinierte es immer, wenn ich den Mädels beim Strippen zuschaute, und ich dachte mir, daß das auch etwas für mich sein könnte. Für Frauen zu strippen, das ist doch das Allergrößte und Geilste! Vor circa vier Jahren fing ich mit der Stripperei an. Meine Frau unterstützte mich dabei, vielleicht auch aus dem Wunsch heraus, daß ich so aus dem Milieu herauskommen würde. Ich strippte nicht in irgendwelchen Nachtbars, sondern auf Parties, Geburtstagen und in Diskotheken. Ich kam mit einer Agentur in Kontakt, die von mir, meiner Person und meiner ganzen Ausstrahlung hellauf begeistert war und mich unbedingt haben wollte. Ich begann, für sie zu arbeiten – allerdings nur für ein Taschengeld, denn sie hat mich ganz schön ausgenutzt. Aber ich ballte die Faust in der Tasche und dachte: »Hauptsache, du bist Teil eines Teams.« Das war mir wichtig.

Ich wollte auch etwas dazulernen und hielt deshalb die Augen immer schön offen, trieb weiter Sport, was für den Job von Vorteil war, denn beim Strippen ist der Körper ungemein wichtig. Nach eineinhalb Jahren wollte ich mich als Stripper selbständig machen, aber es war wahnsinnig schwierig. Dann kamen endlich die California Dream Men nach Deutschland, die das Strippen hier salonfähig machten, und ich durfte endlich auch annoncieren. Vorher hatten sich die Zeitungen geweigert, mein Inserat abzudrucken. Ich rechnete nicht mit einem hohen Verdienst, sondern baute meine Arbeit auf diesem Gebiet langsam auf. Am Anfang kamen nur Anrufe von Schwulen, ob ich denn neben der Stripperei auch zu Männern käme. Endlich hatte ich die erste private Strip-Show, und die war ein voller Erfolg. Die Frauen sagten mir, daß sie schon einige Strip-Nummern in Diskotheken gesehen hätten, aber ich machte das einfach anders und wirklich schön.

Ich fing mit ganz einfachen Sachen an. Es war mehr eine ulkige Nummer, weil ich mir dachte, daß die Frauen gar keinen knallharten Strip wollten. Ich bastelte mir selbst ein Pferdchen und trat als Cowboy auf: Als Little Willy von Country Valley. Dazu hörte man die Melodie von »Spiel mir das Lied vom Tod«. Ich ritt mit meinem selbstgebastelten Pferdchen auf die Bühne und machte mit den Mädels ein kleines Cowboy-Tänzchen – es ging also mehr in Richtung Animation. Ich machte dann auch einen Voll-Strip, aber nicht, wie es vorher bei der Agentur Pflicht gewesen war, mit Abwichserei des Geschlechtsteils. Das war einer der Hauptgründe gewesen, warum ich bei der Agentur aufgehört hatte. Vor jeder Show wurde der Ödel hochgewichst, damit man einen möglichst Großen hatte, und das war unheimlich stressig. Wenn man kräftige Muskeln hat, wirkt der Dödel im Verhältnis nicht besonders groß. Wenn man dann noch neben einem Skelett steht, kommen Kommentare wie: dicke Muskeln, aber nichts in der Hose. Also versuchte ich dann auch, den Schwanz vorher hochzuwichsen. Ich stellte aber auch fest, daß davon nicht alle Frauen begeistert waren. Heute bin ich so professionell, daß ich weiß, wie weit ich bereit bin zu gehen und wann ich noch einen draufsetze. Bei mir können die Frauen auch das Geschlechtsteil anfassen, aber sie müssen das nicht. Wenn ich die Hand einer Frau an meinem Körper entlangführe, dann weiß ich, ob sie weiter runtergehen will oder nicht. Ich bin nicht der Typ, der die Mädels auf der Bühne regelrecht vergewaltigt, ihnen das Geschlechtsteil durchs Gesicht zieht oder sie auf die Bühne zerrt, wenn sie es gar nicht möchten. Ich gehe auf die Frauen zu, und wenn sie nicht mit mir auf die Bühne wollen, bedanke ich mich trotzdem und gehe zur nächsten. Mit der Zeit lernt man, wer will und wer nicht, denn die Augen verraten viel.

Die Stripperei wurde alles in allem ein Erfolg. Ich mußte anfänglich viel investieren, denn die Kostüme kosteten nicht wenig Geld. Dazu kam, daß ich nie viel Kohle hatte, weil sie, kaum verdient, immer gleich wieder weg war. Das geht aber vielen im Milieu und in meinem Job so. Das ist eine Art Reinwaschen: man verdient zwar sein Geld mit diesem Job, will aber mit der Kohle nichts zu tun haben und sieht deshalb zu, daß man sie ganz schnell wieder unter die Leute bringt. Weil ich als Solostripper so gut ankam, konnte ich eine ganze Truppe von Strippern aufbauen. Wir treten heute unter dem Namen »European Gigolos« überall in Deutschland mit großem Erfolg auf.

Im Studio trainierte ich zusammen mit jemandem, der auch als Callboy annoncierte. Er arbeitete aber nur für Männer, weil er der Meinung war, daß man mit Frauen nicht viel Geld verdienen könnte, es sei denn, man hätte gute Verbindungen. Sat 1 wollte ihn für die Sendung »Einspruch« einladen und hatte ihn gefragt, ob er noch andere Leute aus der Szene kannte. So kam ich zu einem Casting. Sie bombardierten mich anderthalb Stunden mit Fragen und versuchten, mich in die Enge zu treiben. Ich hatte aber eine Antwort auf jede noch so blöde Frage, und so war ich eingekauft. Am

Tag der Fernsehsendung sollte ich zwei Stunden vor meinem Auftritt dasein. Als ich dort eintrudelte, hatte ich aber gerade noch Zeit, mich umzuziehen. Dann wurde ich regelrecht ins Studio geschubst. Ich stand nun da und erzählte – so kam es mir jedenfalls vor – nur Mist. Ich wollte immer von der Stripperei erzählen, aber der Moderator bremste mich immer mit dem Hinweis, es sei eine Sendung über Callboys. Ich stand das Ganze nur mit Ach und Krach durch. Wegen der Kameras hatte ich Konzentrationsschwierigkeiten, und das Lampenfieber tat ein übriges. Ich konnte die Fragen gar nicht richtig aufnehmen. Man hatte mir vorher gesagt, daß ich durch die Sendung groß herauskommen würde, hatte diesen Auftritt als eine neue Chance für mich gesehen. Ich dachte, ich könnte so meinem Traum ein bißchen näherkommen. Ich hatte schon immer zwei Traumberufe: Zum einen wollte ich gerne Ballettänzer werden, aber man redete mir ein, dies wäre nur etwas für Schwule. Und zum anderen wollte ich gerne in die Schauspielerei. Ich hatte schon in der Schule und im Heim immer in Theaterstücken mitgespielt, und jetzt interessierte mich vor allem die Comedy-Richtung.

Nach dem Fernsehauftritt ging ich in mein Hotel, war total depressiv und fragte mich, ob es überhaupt richtig war, an die Öffentlichkeit zu gehen. Als ich dann nach Hause zurückkam, war ich perplex, denn die Leute fanden den Auftritt alle toll, reagierten durchweg positiv. Auf einmal war ich bekannt wie ein bunter Hund. Ich genoß diesen Ruhm und dachte: »Jetzt bist du auf der Erfolgsleiter, jetzt kommst du nach oben.« Nach der Sendung trafen sehr viele Zuschauerbriefe in der Redaktion ein, die Frauen traten an mich heran. So habe ich mir einen sehr guten Kundenstamm aufbauen können.

Ein paar Wochen später meldete sich auch Gitte wieder bei mir. Sie hatte mich im Fernsehen gesehen und erklärte mir, ich hätte mich ja so verändert, sei jetzt ein noch geilerer Typ, und schließlich lud sie mich ein. Zwar gab es daraufhin Krach mit meiner Frau, aber ich wollte Gitte wiedersehen. Ich fuhr zu ihr, aber ich war nicht mehr der Sven, den sie kannte. Ich trat anders auf, war professioneller, reifer und erfahrener. Das merkte sie natürlich, und sie wurde unsicher, so daß ich plötzlich die dominierende Rolle übernehmen konnte. Ich merkte, daß hinter dieser harten Schale ein ganz kaputter Mensch steckte, und sie tat mir leid. Ich schlief mit ihr, und sie vermittelte mir auch wieder Kundinnen, aber es war nicht mehr so wie früher. Sie hatte den Club verkauft und war ins Immobiliengeschäft eingestiegen. Mit dem Milieu wollte sie nichts mehr zu tun haben. Ob sie mich anrufen könnte, wenn sie mal das arme Tier hätte, fragte sie mich. Ich machte ihr klar, daß sich meine Preise gewaltig verändert hätten, daß ich zwölfhundert bis fünfzehnhundert Mark für eine Nacht nähme, aber sie war bereit, den Preis zu zahlen.

Manchmal ist es wirklich nicht einfach für mich. Meine körperliche Verfassung leidet, weil ich ständig Sex brauche. Das geht so weit, daß ich zwischen meinen Dates noch selber Hand anlege. Ich setze mir oft ein Ziel: Fünf oder sechs Tage lang wird nicht onaniert! Aber wenn ich dann zum Beispiel mit dem Auto unterwegs bin, rührt sich plötzlich was bei mir in der Hose. Dann muß ich rechts ranfahren und mir einen runterholen. Das war schon früher so, als ich noch regelmäßig mit der Straßenbahn fuhr. Das Geholpere erregte mich sehr stark, und das hieß für mich: aussteigen, irgendwo in eine stille Ecke und onanieren, denn ich bin kein

Typ, der Frauen belästigt und vergewaltigt. Wenn ich das gemacht habe, hasse ich mich selbst. Ich fühle mich kotzig und kaputt, jeder Knochen im Leib tut mir weh. Aber wenn ich mit meiner Frau schlafe, dann fühle ich mich hinterher gut, weil ich den Orgasmus ganz anders erlebe.

Ich erzähle meiner Frau zwar immer mal wieder, daß ich auch onaniere, aber natürlich nicht jedesmal, denn sonst würde sie verrückt. Sie weiß nicht, daß ich mir manchmal viermal am Tag einen runterhole. Sie steht abends an meinem Bett, versucht mich anzumachen, aber ich bin dann zu nichts mehr fähig. Sie denkt in solchen Situationen, das hätte etwas mit ihr zu tun, aber das stimmt natürlich nicht, denn ich bin wahnsinnig schnell zu stimulieren. Ich finde es lieb von meiner Frau, daß sie immer wieder überprüft, ob ich noch geil auf sie bin – auch ohne Berührung. Sex ist für mich die wichtigste Sache: ein bißchen Berührung, ein bißchen Zärtlichkeit, dann vergesse ich alles. Und wenn ich einen Termin hätte, der mir hunderttausend Mark bringen würde, es wäre mir egal, denn das interessiert mich in dem Moment nicht. Sex ist für mich Sauerstoff, Bestandteil meines Lebens, er gehört zu meinem Tagesrhythmus. In einer Fernsehsendung sprachen sie einmal von »einmal täglich Sex« – darüber kann ich nur lachen! Viele haben mir schon geraten, Pornos zu drehen. Mich wollten auch schon Produzenten für Pornos einkaufen, aber das ist nichts für mich. Sex ist für mich auch Zärtlichkeit, aber jemandem nach Drehbuch ins Gesicht zu spritzen – das würde ich nicht machen. Wenn jemand einen Film drehen würde, in dem ich Sven sein könnte, dann wäre das etwas anderes.

In letzter Zeit schießt mir immer öfter der Gedanke durch den Kopf: Komme ich jemals heraus aus dem ganzen Sumpf, dem Dreck? Nicht nur die Schikanen der Mitmenschen, sondern auch andere Gründe haben dazu geführt, daß ich ernsthaft an Ausstieg denke. Die Gesellschaft akzeptiert mich und meinen Beruf nicht. Meine Familie und ich leben wie auf einer einsamen Insel – total isoliert.

Ein weiterer Grund ist, daß die Dates zu vertraut wurden. Ich biete eine gewisse Dienstleistung an, und das darf man nicht vergessen. Die Frauen können mich nicht kaufen – nach dem Motto: Ich habe dir ein paar hundert Mark gegeben, jetzt gehörst du komplett mir. Ich gebe schon reichlich viel für einen Callboy, aber man kann nicht von mir verlangen, daß ich alle meine Gefühle investiere. Andere Callboys ziehen ihre Schiene ganz brutal durch, ich dagegen gehe auf jede Kundin ein, und das macht mich auf Dauer so mürbe, daß ich schon vielen Stammkundinnen deswegen den Laufpaß gegeben habe. Es wird mir einfach zu privat, mit manchen führe ich fünfmal die Woche Telefonate, so, als ob wir ein Verhältnis hätten. Im Bett kann ich nicht so schnell abschalten, wenn ich mich eine halbe Stunde oder länger über alle möglichen Probleme unterhalten habe. Wir Männer haben es schwerer als Frauen, die mit Gleitcremes oder ähnlichen Hilfsmitteln so einiges machen können. Aber wir Männer haben da etwas zwischen den Beinen, und das muß hoch.

Die Gespräche haben den Frauen teilweise mehr gebracht als der Sex. Trotzdem sage ich heute: Es war ein Fehler von mir, so auf die Kundinnen einzugehen. Man kann bis zu einem gewissen Grad zuhören und auch helfen, aber dann muß irgendwann Schluß sein. Ich habe zuviel Anteilnahme gezeigt, was zur Folge hatte, daß die Kundinnen nicht nur Sex mit mir haben wollten, sondern sich in mich verliebten. Irgendwann reichte ihnen ein Date nicht mehr aus, sie wollten mich ganz haben. Es entstand dann so etwas wie eine Beziehung. Schließlich hatte ich so viele »Beziehungen«, daß ich mich vom Kopf her nicht mehr frei machen konnte, teilweise sogar Erektionsprobleme bekam. Ich fühlte mich regelrecht vergewaltigt, fuhr teilweise sogar mit Widerwillen zu den Dates. Manchmal habe ich die Kundinnen auch versetzt, mich zwei Wochen lang einfach nicht gemeldet, bis sie wieder anriefen und fragten, was mit mir los sei. Ich redete mich dann damit heraus, daß ich so viel zu tun hatte und zu nichts kam, wenn ich jede Kundin auch noch täglich anrief. Aber das akzeptierten die Kundinnen einfach nicht. Jede von ihnen wollte die Hauptrolle in meinem Leben spielen, und als ich ihnen das verweigerte, wurden sie aggressiv. Ich mußte mir sagen lassen, ich sei nichts weiter als ein guter Schauspieler, daß ich zwar ejakuliert, aber nicht alles gegeben hätte, und die Kundinnen im Bett praktisch vorführte. Diese Konfliktsituation kann ich nicht mehr lange ertragen. Die einzige Lösung scheint mir zu sein, den Job aufzugeben. Ich habe einfach keine Lust mehr, weiterzumachen. Ich bin letztendlich nicht abgebrüht und abgewichst genug für den Job, auch wenn mir das manche nachsagen. Das habe ich die ganzen Jahre nicht gelernt, und bevor ich mich total verkaufe, steige ich lieber aus.

Deshalb möchte ich in Zukunft nur noch als Stripper arbeiten, denn dabei muß ich meinen Körper nur zeigen …